ゼロから話せる ブルガリア語

会話中心

菅井健太 著

三修社

まえがき

「ブルガリア」と聞いて何を想像されるでしょうか？

　日本ではどうしてもヨーグルトのイメージが強いと思いますが、実はブルガリアはバラやワインの名産地でもありますし、独特なハーモニーを持つブルガリアンヴォイスでも有名です。一方で、ロシア語でも用いられているキリル文字の発祥地であることはあまり知られていないかもしれません。

　国内の各地にはトラキア黄金文明や古代ローマの遺跡が残されているほか、黒海沿岸にはリゾート地も多く、夏には国内外から多くの人が訪れます。南西部はバルカン半島最高峰のムサラを擁するリラ山脈など美しい山々が連なり、7つの湖と称される氷河湖や、中世からブルガリア文化の拠点の1つであったリラ修道院もその山間にひっそりと佇んでいます。ブルガリアの魅力はこのように美しい自然と豊かな文化が調和している点にあります。

　本書は、ブルガリア語の入門書です。文字通り「ゼロから」ブルガリア語を学ぶ方を主な対象に、実際の言語運用の場面で役立つ表現や語彙のほか、日常会話で使われる基本文法を一通り習得することができるように構成されています。また、類書が少ないことに鑑み、初学者以外の多くの方にもご活用いただけるように、学習経験のある方にとって役に立つような情報も各所に盛り込みました。本書が、ブルガリア語の学習に取り組む方のお役に少しでも立ち、またそれを通じてブルガリアの魅力の発見のお手伝いができるのであれば、著者としてこれ以上の喜びはありません。

　最後に、本書の執筆から校正に至るまで母語話者の立場から献身的に協力してくださった東京外国語大学のマリア・チャラコヴァさん、原稿全体に目を通して数多くの貴重な指摘をしてくださった一橋大学のミレン・マルチェフさん、読者の立場から校正にご助力くださった水上裕之さんに、厚く御礼申し上げます。

菅井健太

も　く　じ

も　く　じ

本書の使い方

　本書は「覚えるフレーズ」「ダイアローグで学んでみよう」「文法編」「ヴィジュアル ブルガリア語」の4部構成です。

　ブルガリア語ではキリル文字を使います。本編にあたる「ダイアローグで学んでみよう」を始める前に、まずは「文法編」の冒頭にある「1. アルファベットと発音」でキリル文字の書き方や読み方の学習から始めてください。ロシア語などでキリル文字に慣れている方も、ブルガリア語特有の読み方や使い方を理解するために、まずはこちらに目を通してください。

覚えるフレーズ

　基本的なあいさつ表現をはじめとする、日常会話でよく使われる表現を紹介しています。カタカナでルビも振ってありますから、キリル文字が分からなくても大丈夫です。そのまま覚えて使ってみてください。ブルガリア人の心の扉を開くカギになるはずです。

ダイアローグで学んでみよう

　「Диалог（ダイアローグ）」には、会話で使える表現や語彙、文法のエッセンスが詰め込まれています。母語話者との綿密な打ち合わせを通じて作り上げたダイアログの例文は、どれも普段の会話で使われる自然なブルガリア語になっています。実用性も重視して作られていますから、そのまま暗記するだけでも十分に有用ですし、文法や語彙の学習効果も高まります。新出単語や表現については、できる限り隣の解説ページで言及していますが、巻末の語彙集も適宜参照してください。なお、ルビのカタカナ表記は、実際の発音に近づけて書いてありますが、カタカナでは自ずと限界があります。付属のCDを活用して、正確な発音を身に付けるようにしてください。各「Диалог」は、2回ずつ収録されていて、1回目は自然なスピードで、2回目はポーズを伴いながらややゆっくりと発音されています。

　「いろいろな表現」では、「Диалог」で扱った表現をさらに応用して使えるように、類似した例文や補足説明を載せてあります。また、「Диалог」の表現と関連して、知っておいてほしい語彙や表現も挙げてあります。

「この課のポイント」では、中心的に学ぶ文法の要点を簡潔に説明してあります。「Диалог」の例文の文法理解に役立ててください。

　なお、各課の内容を完璧に習得しないと先に進めないということはありません。最初から詰め込みすぎずに、おおよそ理解したら先へ進んでいくのがよいでしょう。特に独学で利用される場合は、「習うより慣れろ」の精神で、本編を2周、3周と繰り返し取り組んでいただくことにより、徐々に理解が深まっていく部分もあるはずです。

文法編

　文法編では、本編で取り上げた文法事項を整理して体系的に提示しています。このほか、本編で取り上げることができなかった例外的な語形や用法についても紙面の許す限り言及しています。これによって、ささやかな参照文法としてもご活用いただけるものと思います。学習した文法事項の確認や整理のために適宜ご利用ください。ただし、あくまでも本編で学習した文法事項をまとめたものであって、あらゆる文法事項を網羅するものではありません。また、文法の記述に際しては、本書の目的に鑑み、厳密な記述よりも読者にとって分かりやすい記述を優先させたことも申し添えておきます。

ヴィジュアル ブルガリア語

　日常生活で用いられる基本的な語彙を、イラストを使って紹介しています。本編と合わせて、語彙力や表現力の拡充に役立ててください。

ブルガリア語とは

　ブルガリア語は、南東欧のバルカン半島に位置するブルガリア共和国の公用語で、ブルガリア社会のあらゆる場面で公式な言語として用いられています。2007 年の EU 加盟以降は EU の公用語の一つにもなりました。ブルガリア語母語話者の大多数は国内におり、その数はおよそ 700 万人です。

　ブルガリア語は、インド・ヨーロッパ語族スラヴ語派に属する言語です。セルビア語やクロアチア語、マケドニア語などと共に南スラヴ語群を成し、なかでもマケドニア語とは最も近い親縁関係にあります。ほかにも、ロシア語やポーランド語、チェコ語などとも同系統です。スラヴ諸語と呼ばれるこれらの言語は互いに高い近似性を示しますが、ブルガリア語は名詞類の格変化や動詞の不定形が失われている一方で、後置冠詞や伝聞法が発達するなど、ほかのスラヴ諸語にはない言語特徴が多く見受けられます。また、基礎語彙はスラヴ諸語と概ね共通する一方で、文化・生活に関わる語彙にはトルコ語からもたらされたものが少なくないのも特徴です。これらの特徴の多くはバルカン半島で話されている言語（ルーマニア語やアルバニア語など）にも共通して見られます。このようにスラヴ語でありながら隣接するバルカン諸語と共通する点が多いのは、ブルガリア語（およびマケドニア語）の大きな特徴と言えます。

　ブルガリア語の最も古い文献は 10 〜 11 世紀にさかのぼり、それらはスラヴ人の使徒コンスタンティノス（修道士名キュリロス）とメトディオスの兄弟によって 9 世紀後半に福音書などの翻訳のために作り出された古教会スラヴ語（古ブルガリア語）で書かれたものです。スラヴ世界最古の文語である古教会スラヴ語は、当時のスラヴ世界における共通の文語として広く用いられました。

　現代ブルガリア語は、19 世紀に入って標準語制定の機運が高まります。標準語の基盤となったのは、東西二大方言のうち、ヴェリコ・タルノヴォを中心とする地域に分布する東方言の一種です。現代標準ブルガリア語は、さらに近代ブルガリア発展の中心となったソフィアとその周辺の西方言の特徴も取り入れながら確立しました。現行の正書法は 1945 年に制定されたものです。

覚える
フレーズ

こんにちは。

Здравéйте.

ズドラヴェィテ

「こんにちは」を意味する最も一般的な表現です。一日中、時間帯に関わらずいつでも使うことができるほか、初対面の人や目上の人に対しても使うことができます。親しい間柄では **Здравéй.** [ズドラヴェイ] や **Здрáсти.** [ズドラスティ] という表現を使います。もともとの意味は「健康であれ」です。

Track
02

こんにちは。

Дóбър дéн.

ドバル　デン

主に日中に用いられるあいさつ表現です。使われる時間帯に合わせて、朝は **Добрó ýтро.** [ドブロ ウトロ]「おはようございます」、夕方以降は **Дóбър вéчер.** [ドバル ヴェチェル]「こんばんは」を使います。

Track 03

さようなら。

Довѝждане.

ドヴィジュダネ

別れ際に用いられる最も一般的な表現です。もともとの意味は「次に会うときまで」ということです。親しい間柄では、**Чáо.** [チャオ]「じゃあね」がよく使われます。**Хáйде, чáо!** [ハイデ　チャオ]「それじゃあ、またね」の組み合わせでもよく聞かれます。

顔を合わせない電話口では、**Дочýване.** [ドチュヴァネ]（「次に（声を）聞くときまで」という意味）と言って電話を切ります。

Track 04

ごきげんよう。お元気で。

Всѝчко хýбаво.

フスィチコ　　フバヴォ

別れ際に、**Довѝждане.** [ドヴィジュダネ] と一緒によく用いられる表現です。文字通りの意味は、「（全ての）良いことがありますように」ということです。また、似た意味の単語で言い換えた **Всѝчко добрó.** [フスィチコ　ドブロ] もよく聞かれます。

良い一日を。

Прия́тен де́н.

プリヤテン　デン

これも別れ際によく用いられる表現です。**де́н** の代わりに、別の語に置き換えることもできます。ただし、形容詞 **прия́тен** は、名詞の性・数に合わせた変化が必要です（☞ p.25）。例えば、**пъту́ване**「旅行」を使うと、**Прия́тно пъту́ване.**［プリヤトノ パットゥヴァネ］「良いご旅行を」となります。また、**прия́тен**「心地良い」の代わりに、**ле́к**「楽な、苦労のない」や **ху́бав**「良い」を使って、**Ле́к де́н.**［レク デン］や **Ху́бав де́н.**［フバフ デン］という風に言うこともできます。

おやすみなさい。

Ле́ка но́щ.

レカ　ノシト

寝る直前だけでなく、夜遅い時間に別れるときにも使えます。一方で、夕方頃に別れるときには、**Ле́ка ве́чер.**［レカ ヴェチェル］「良い夜を」が普通です。略して **Ле́ка!**［レカ］とだけ言うこともあります。これから眠る人に対しては、**Прия́тни съ́нища.**［プリヤトニ サニシタ］「良い夢を」とも言えます。

また明日。

До у́тре.

ドウトレ

翌日に会う約束がある場合には、別れ際にこのように言うこともできます。また、前置詞 **до** を使って、ほかにも似たような表現を作ることができます。特に、**До дове́чера.** [ドドヴェチェラ]「また今晩に」や **До ско́ро.** [ドスコロ]「また近いうちに」などがよく聞かれます。

ありがとう。

Благодаря́.

ブラゴダリャ

感謝を伝える表現です。ほかに、話し言葉では **Мерси́.** [メルスィ]もよく使われます。感謝の気持ちを強めたければ、副詞 **мно́го** を使って、**Благодаря́ мно́го.** [ブラゴダリャ ムノゴ]「どうもありがとう」とも言えます。

覚えるフレーズ

どういたしまして。／お願いします。／えっ？

Móля.

モリャ

móля は、とても汎用性が高い語です。お礼に対する返事として「どういたしまして」の意味で使われるほか、英語の please に相当する「お願いします」の意味でも使えます。また、尻上がりのイントネーションで **Móля?** [モリャ] と発音すれば、聞き返しの「えっ？」に相当する表現としても使えます。

なお、「どういたしまして」は、**móля** のほかに、**Ня́ма защó.** [ニャマ ザシト]（または **Ня́ма за каквó.** [ニャマ ザカクヴォ]）．や **За ни́що.** [ザニシト] などもよく使われます。

Track 10

はじめまして。

Прия́тно ми е.

プリヤトノミエ

初対面の人と知り合いになるときに使われ、本来は「知り合いになれてうれしい」という意味合いです。これに対する返答で、「私も」と言いたい場合には、**Прия́тно ми е.** とそのまま繰り返しても構いませんが、**И на ме́не.** [イナメネ] などと言うことも可能です。

お元気ですか？

Ка́к сте?
カクステ

 覚えるフレーズ

出会ったときには、あいさつの後に相手の調子を尋ねるのがエチケットです。親しい間柄では、**Ка́к си?** [カクスィ] となります。
特に悪くなければ、普通は **Добре́ съм.** [ドブレサム]「元気です」と答えます。良くなければ **Не съм мно́го добре́.** [ネサム ムノゴ ドブレ]「あまり良くないです」とも言えます。また、まあまあの意味では **Го́ре-до́лу.** [ゴレドル] も使えます。

ようこそ。

Добре́ дошли́.
ドブレ ドシュリ

歓迎を表す表現です。相手の性・数に合わせて少し形を変える必要があります。相手が男性一人なら **Добре́ дошъ́л.** [ドブレ ドシャル]、女性一人なら **Добре́ дошла́.** [ドブレ ドシュラ]、複数の人に対して、あるいは、相手が一人でも丁寧に言うなら **Добре́ дошли́.** [ドブレ ドシュリ] とします。また、これに対する返答は **Добре́ зава́рил.** [ドブレ ザヴァリル] です（相手が女性なら **зава́рила**、複数または丁寧に言うなら **зава́рили** に変えます）。

ごめんなさい。／すみません。

Извиня́вайте.

イズヴィニャヴァィテ

謝るときに用いる表現です。親しい間柄では、最後の **-те** を取って **Извиня́вай.** [イズヴィニャヴァィ] となります。ほかにも、同じ意味で **Извине́те.** [イズヴィネテ] も使われますが、これは「すみません」と呼びかけるような場面で特によく使います。
また、これらと似た表現として **Проща́вайте.** [プロシタヴァィテ]、**Проща́вай.** [プロシタヴァィ] が使われることもあります。

問題ありません。

Ня́ма пробле́м.

ニャマ　プロブレム

謝罪を受けたときの返答などに使えます。ほかにも似た表現として、**Ня́ма ни́що.** [ニャマ ニシト] があります。もっと簡単に **Ни́що.** [ニシト] だけでも構いません。

Track 15

どうぞ。

Заповя́дайте.
ザポ**ヴ**ャダイテ

物を差し出したり、誘導や案内をしたりする際に使える表現です。親しい間柄では、最後の **-те** を取って **Заповя́дай.** [ザポ**ヴ**ャダイ] となります。すぐ後ろに名詞を持ってきて、「～をどうぞ」という使い方もできます。

また、**Па́к заповя́дай(те).** [パック ザポ**ヴ**ャダイ（テ）] で「また どうぞ、どういたしまして」という意味でも使われます。

Track 16

乾杯。

Наздра́ве.
ナズドラ**ヴ**ェ

乾杯のときなどに使われます。もともとの意味は「健康に」です。ブルガリアでは乾杯に際して互いの杯を触れ合わせるとき、必ずお互いに目を合わせなくてはなりません。また、乾杯の場面以外でも、くしゃみをした人に対して **Наздра́ве.** [ナズドラ**ヴ**ェ] と言って気遣う習慣があります。

了解。／ＯＫ。

Добре́.

ドブレ

もともとは「良い」を意味しますが、会話などでは、何かに同意したり、了承したりする場合に使われるとても便利な表現です。

おめでとう。

Чести́то.

チェスティト

日本語の「おめでとう」に相当する表現で、さまざまな場面で用いることができます。このほかに、具体的な名詞を伴って「～おめでとう」という表現にすることもできます（☞ p.88）。

よろしく。

Поздрави.
ポズドラヴィ

もともと「あいさつ」を意味し、特に **Поздрави на...** で「…によろしく」という表現でよく使われます。このほか、手紙やメールの末尾で結びのあいさつとして使うこともできます。また、**сърдечни поздрави** [サルデチニ ポズドラヴィ]「心からのあいさつ」や **много поздрави** [ムノゴ ポズドラヴィ]「たくさんのあいさつ*」という組み合わせでも使われます。

*実際に「たくさんの」あいさつということではなく、「くれぐれもよろしく」といった
　一種の強調の意味合いです。

はい。／いいえ。

Да./ Не.
ダ　　ネ

ブルガリア語で「はい」「いいえ」に相当する語はしっかり覚えておく必要があります。なぜなら、ブルガリア人は普通、「はい」と言うときには首を左右に、「いいえ」と言うときには首を上下に動かすからです。つまり、日本人とは逆ですから、ジェスチャーだけで判断すると間違えてしまうことがあります。

覚えるフレーズ

ルーマニア
Румъния

ドナウ川
Дунав

ルセ
Русе

ヴェリコ・タルノヴォ
Велико Търново

ヴァルナ
Варна

セルビア
Сърбия

ソフィア
София

ブルガリア
България

バルカン山脈
Стара планина

黒海
Черно
море

ムサラ山
Мусала
2,925m

カザンラク
Казанлък

ブルガス
Бургас

リラ山脈
Рила

マリツァ川
Марица

北マケドニア
Северна
Македония

ピリン山脈
Пирин

プロヴディフ
Пловдив

ロドピ山脈
Родопи

トルコ
Турция

ギリシャ
Гърция

ダイアローグで
学んでみよう

私はブルガリア人です。

Áз съм българин.

Петър **Дóбър дéн! Кáзвам се Пéтър.**
ドバル　デン　カズヴァムセ　ペタル

Áз съм българин.
アッサム　　バルガリン

Юри **Здравéйте! Áз се кáзвам Юри. Приятно ми е!**
ズドラヴェイテ　アッセ　カズヴァム　ユリ　　プリヤトノミエ

Петър **Приятно ми е, Юри! Вие откъдé сте?**
プリヤトノミエ　　ユリ　　ヴィエ　オットカデステ

Юри **Áз съм от Саппóро, Япóния.**
アッサム　オットサッポロ　ヤポニヤ

А Вие от Сóфия ли сте?
アヴィエ　オットソフィヤリステ

Петър **Нé, не съм от Сóфия.**
ネ　ネサム　オットソフィヤ

От Вáрна съм.
オットヴァルナサム

ペタル	こんにちは！　ペタルと言います。ブルガリア人です。
ユリ	こんにちは！　私はユリ。はじめまして。
ペタル	どうぞよろしく、ユリさん！　どちらのご出身ですか？
ユリ	日本の札幌からきました。あなたはソフィア出身ですか？
ペタル	いいえ、ソフィア出身ではありません。ヴァルナの出身なんです。

| **Káзвам се Пéтър.** | ペタルと言います。 |

Káзвам се… は、自分の名前を言うときの定番表現です（☞いろいろな表現）。次のユリのセリフにある **Áз се кáзвам Юри.** も同じ表現ですが、こちらは人称代名詞主格の **áз**「私は」を伴った形です。このとき、**се** の語順が変わり、**кáзвам** の前に置かれるようになります。

| **Áз съм бългáрин.** | 私はブルガリア人です。 |

съм は、be 動詞に相当する **съм** 動詞の現在 1 人称単数形です。**áз съм…** で、「私は〜です」の意味です。**бългáрин** は「ブルガリア人（男性）」です（☞いろいろな表現）。英語と違い、文中では語頭を大文字にしません。

| **Вíе откъдé сте?** | （あなたは）どちらのご出身ですか？ |

出身地を尋ねる表現です。**откъдé**「どこから」は、**от**「〜から」と **къдé**「どこ」が組み合わさった疑問詞です。これに対する答えは、**от…**「〜から」を使って答えることになります。**съм** 動詞は主語の **Вíе** に合わせて 2 人称複数形の **сте** に変化しています（☞この課のポイント）。

| **А Вíе от Сóфия ли сте?** | あなたはソフィア出身ですか？ |

Yes / No で答える疑問文を作るためには、疑問の助詞 **ли** を用います。**съм** 動詞の疑問形は「**ли** + **съм** 動詞」という組み合わせで作り、これを聞きたい語句の後ろに置くと疑問文になります。ただし、疑問詞を伴う疑問文では、**ли** は不要です（疑問詞 **откъдé** を使った文を参照）。ここでは、**от Сóфия**「ソフィア出身」かどうかを聞きたいわけですから、その後ろに「**ли** + **съм** 動詞」を置いています。なお、疑問文のイントネーションは、**ли** の直前に置かれる語のアクセントのある音節のみ高く発音することで得られます。

接続詞 **а** は対比を表し、「それでは、一方で」などを意味します。

| **Нé, не съ́м от Сóфия.** | いいえ、ソフィア出身ではありません。 |

否定の助詞 **не** を **съм** 動詞の前に置くと、否定形になります。このとき、**не** と **съм** 動詞は一単語のようにひとまとまりに発音され、アクセントは **съм** 動詞の方に置きます。

ダイアローグで学んでみよう

петнáйсет　**15**

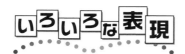

◆相手の名前を尋ねる表現

Track 22

○ Ка́к се ка́звате?　あなたのお名前は何ですか？
　カ クセ　　　カ ズヴァテ

● Ка́звам се Пе́тър.　私の名前はペタルです。
　カ ズヴァムセ　　　　ペタル

се は文頭に立つことができないので、動詞 ка́звам が文頭にあるときはそれに後続する語順になりますが（Ка́звам се...）、それ以外（疑問詞 ка́к や人称代名詞主格の а́з などが文頭の場合）は動詞 ка́звам に先行します（Ка́к се ка́звате?）。また、動詞にあたる ка́звам の形が主語に合わせて変わることにも気を付けましょう（☞ 2 課）。

ほかにも、自分の名前を伝える方法として、次のような表現があります。

Мо́ето и́ме е Пе́тър.　私の名前はペタルです。
モエト　イメエ　　ペタル

и́ме は「名前」を意味し、мо́ето は「私の」を意味する所有代名詞です（☞ 19 課）。е は съм 動詞の現在 3 人称単数形です。これは、英語の My name is... に相当します。

◆相手の調子を尋ねる表現

○ Ка́к сте?　（あなたは）お元気ですか？
　カ クステ

● Добре́ съм.　（わたしは）元気です。
　ドブレサム

疑問詞を伴った疑問文では、疑問の助詞 ли は不要です。親しい間柄（家族や友人）では、съм 動詞を 2 人称単数形に直して Ка́к си? とすれば OK です。返答では、「良い、元気」を意味する добре́ を使いましょう。

♪国名と民族名

ダイアログの А́з съм бъ́лгарин.「私はブルガリア人です」の бъ́лгарин「ブルガリア人」は、男性単数形です。もし女性であれば、бъ́лгарка という別の語を用います。ちなみに日本人の男性形は япо́нец、女性形は япо́нка。文中であっても大文字で始めません。ただし、国名は常に大文字で書き始めます。

国名	男性・単数	女性・単数
Япо́ния ヤポニヤ	япо́нец ヤポネッツ	япо́нка ヤポンカ
Бълга́рия バルガリヤ	бъ́лгарин バルガリン	бъ́лгарка バルガルカ

●人称代名詞（主格）と съм 動詞現在形

съм 動詞とは、英語の be 動詞にあたる動詞です。主語の人称・数に従って変化します。ここでは、人称代名詞の主格（＝主語の役割を果たす形）と合わせて覚えましょう。

		単数	複数
1 人称		áз съм　私は〜です アッサム	ние сме　私たちは〜です ニエスメ
2 人称		ти си　君は〜です ティスィ	вие сте　君たちは〜です ヴィエステ　あなた（方）は〜です
3 人称	男性	той е　彼は〜です トィエ　それは〜です	té са*　彼らは〜です テサ
	女性	тя е　彼女は〜です テャエ　それは〜です	
	中性	тó е　それは〜です トエ	

＊例外的に［съ］と発音します。

◆人称代名詞（主格）

• 人称代名詞の主格は、対比や強調を表す場合を除き、よく省略されます。
• 3 人称単数形は、男・女・中性の 3 つの形を区別します。人や物に関わらず、それぞれの性に対応する名詞を指して使われます。（☞ 2 課も参照）
• 2 人称複数形の вие は、話し相手を丁寧に指す場合（目上の人や初対面の人）にも用いられます（その場合、文中でも常に Вие と大文字で書き始めます）。そのときは複数の人だけでなく、一人の人を指して用いることもできます。

◆ съм 動詞の現在形

• съм 動詞の現在形はアクセントを持たず、先行する語とまとまって発音されます（＝前接語☞ p.99）。そのため、先行する語がない文頭に立つことはできません。例えば、次のように、人称代名詞主格形 аз を省略する場合、съм 動詞の現在形は別の語句の後ろに移動します。
　Áз съм от Вáрна. → (Аз) съм От Вáрна съм.　　私はヴァルナ出身です。

• 否定形は否定の助詞 не を съм 動詞の前に置いて作ります。疑問形は疑問の助詞 ли を使い、 li + съм 動詞 を聞きたい語の後ろに置くことで作ります。
　否定形　Не съм от Вáрна. ネサム　オットヴァルナ　私はヴァルナ出身ではありません。
　疑問形　От Вáрна ли си? オットヴァルナリスィ　君はヴァルナ出身ですか？

今夜時間ある？

Ѝмаш ли врéме довéчера?

Track 23

Кенджи	**Здравéй, Милéна. Ѝмаш ли врéме довéчера?**
	ズドラヴェイ　　ミレナ　　イマシリ　　ヴレメ　　ドヴェチェラ
Милена	**Нé, ня́мам. Ѝмам срéща с Пéтър за вечéря.**
	ネ　ニャマム　　イマム　　スレシタ　　スペタル　　ザヴェ**チ**ェリャ
Кенджи	**Такá ли? Не познáвам Пéтър. Кóй е тóй?**
	タ**カ**リ　　　　ネポズ**ナ**ヴァム　　ペタル　　コイエ　　トイ
Милена	**Éто, тáм е. Разговáря с Биля́на.**
	エト　**タ**ムエ　　ラズゴ**ヴァ**リャ　　ズビリャナ
	Тѝ ѝскаш ли с нáс?
	ティ　**イ**スカシリ　　ス**ナ**ス
Кенджи	**Ѝскам, но днéс ѝмам мнóго рáбота.**
	イスカム　　ノドゥネス　**イ**マム　　ムノゴ　　ラボタ
Милена	**Жáлко!**
	ジャルコ

ケンジ	やあ、ミレナ。今夜時間ある？
ミレナ	いいえ、ないの。ペタルと夕食の約束があるから。
ケンジ	そうなの？　ペタルって知らないな。誰なの？
ミレナ	ほら、あそこにいるよ。ビリャナと話している。あなたも私たちと一緒したい？
ケンジ	そうしたいけど、今日はたくさん仕事があるんだ。
ミレナ	残念ね！

Ѝмаш ли врéме довéчера?	今夜時間ある？

　ѝмаш は、第三変化動詞 **ѝмам**「持っている」の現在 2 人称単数形です（☞この課のポイント）。ここでは、疑問の助詞 **ли** を動詞の後ろに置くことで疑問形になっています。なお、ダイアログに出てくる **познáвам**「〜と知り合いである」や **разговáрям**「おしゃべりする」、**ѝскам**「欲する」はいずれも第三変化動詞です。**довéчера** は「今夜、今晩」を表す副詞です。

Нé, нýмам.	いいえ、ないの。

　通常、動詞の否定形は、動詞の前に否定の助詞 **не** を置くことで作りますが（後に出てくる **не познáвам**「〜を知らない」を参照）、**ѝмам**「持っている」だけは例外で、**нýмам** という特別な否定形を使います。

Ѝмам срéща с Пéтър за вечéря.	ペタルと夕食の約束があるの。

　срéща は「会うこと、会う約束」ですが、仕事仲間なら「会議」、恋人同士なら「デート」にもなります。前置詞 **с** は「〜と一緒に」を表しますから、**с Пéтър** で「ペタルと一緒に」です。ほかにも **с Билýна**「ビリヤナと一緒に」や **с нáс**「私たちと一緒に」も同様です（**нáс** については☞ 14 課）。前置詞 **за** はここでは目的を表して「〜のために」の意味です。

Кóй е тóй?	彼は誰なの？

кóй は「誰が」を意味する疑問詞です。（☞いろいろな表現）

Éто, тáм е.	ほら、あそこにいるよ。

　Éто は、日本語で「ほら」に相当し、話し相手の注意を目前の人や物に向ける目的で用います。後続する **тáм е**「（彼は）あそこにいるわ」は、**Пéтър**（= **тóй**）が主語にあたりますが、省略されています。

Ѝскам, но днéс ѝмам мнóго рáбота.	そうしたいけど、今日はたくさん仕事があるんだ。

　но は逆説の接続詞で、「しかし、〜けど」を意味し、**днéс** は「今日」を意味する副詞です。また、**мнóго рáбота** は「たくさんの仕事」で、**ѝмам** の直接目的語にあたります。

ダイアローグで学んでみよう

деветнáйсет　**19**

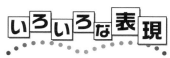

Track 24

◆「誰」や「何」を用いた表現

「誰」と「何」を表す疑問詞とその表現を学びましょう。

	「誰」	「何」
主格（主語）	кóй コイ	каквó カクヴォ
斜格（主語以外）	когó コゴ	

主格（主語として用いられる場合）のとき（「誰が」）は、кóй という形です。

Кóй разговáря с Биляна?　誰がビリャナと話していますか？
コイ　　ラズゴヴァリャ　ズビ**リャ**ナ

ただし、斜格（主語以外で、直接目的語として、あるいは前置詞と共に用いられる場合）は、когó という形をとります。

Когó познáваш?　（君は）誰を知っていますか？
コゴ　　ポズ**ナ**ヴァシ

С **когó** разговáряш по телефóна?（君は）電話で誰とおしゃべりしているの？
スコゴ　　ラズゴ**ヴァ**リャシ　　ポテレ**フォ**ナ　　　　　　　＊ по телефóна　電話で

一方で、「何」を表す каквó には、そのような区別はありません。

Каквó е товá?　これは何ですか？
カク**ヴォ**エ　ト**ヴァ**　　　　　　　　　　　　　　　　　　　＊ товá　これ

Каквó искаш?　（君は）何をお望み？
カク**ヴォ**　**イ**スカシ

◆確認や念押しの表現

会話でよく使われる確認や念押しを表す表現を学びましょう。

Такá ли?　そうなの？
タ**カ**リ　　　　　　　　　　　　　　　　　　　　　　　　　　　＊ такá　そのように

Нáистина ли?　本当に？
ナ**イ**スティナリ　　　　　　　　　　　　　　　　　　　　　　　＊ нáистина　本当に

◆「～さん、様」を表す表現（敬称）

ブルガリア語には、英語の Mr. や Mrs.、Miss に相当する区別があります。

男性 господи́н ゴスポ**ディ**ン　　女性（既婚）госпожá ゴスポ**ジャ**

（未婚）госпóжица ゴス**ポ**ジィッァ

いずれも、苗字を伴って、господи́н Кóчев「コチェフさん」や госпожá Ти́шева「ティシェヴァさん」などと表現できます。また、名前が分からない人に呼びかける場合には、特別な形を使います。それぞれ、господи́н**е**, госпó**жо**, госпó**жице** です。

●動詞の現在形（直説法現在）

動詞の現在形を学びましょう。主語の人称・数に応じて語尾を変えることで変化します。語尾以外の部分（＝語幹）は変化しません。3つの変化タイプがあります。

また、ブルガリア語の動詞には不定形がありませんから、現在1人称単数形が辞書の見出し語となります。

◆第三変化動詞（a 変化）の現在形

まずは、例外もなく最も簡単な第三変化動詞から学びます。第三変化動詞は、現在形の語幹が **a**（一部の動詞で **я**）で終わります（＝a 変化動詞）。この a は、語幹と語尾を結び付ける役割を果たす母音で、第三変化動詞では全ての形に付きます。

<table>
<tr><td colspan="2"></td><td>и́мам　持っている
イマム</td><td>разгова́рям　おしゃべりする
ラズゴヴァリャム</td><td>語尾</td></tr>
<tr><td rowspan="3">単数</td><td>1人称</td><td>и́мам　イマム</td><td>разгова́рям　ラズゴヴァリャム</td><td>-м</td></tr>
<tr><td>2人称</td><td>и́маш　イマシ</td><td>разгова́ряш　ラズゴヴァリャシ</td><td>-ш</td></tr>
<tr><td>3人称</td><td>и́ма　イマ</td><td>разгова́ря　ラズゴヴァリャ</td><td>—</td></tr>
<tr><td rowspan="3">複数</td><td>1人称</td><td>и́маме　イマメ</td><td>разгова́ряме　ラズゴヴァリャメ</td><td>-ме</td></tr>
<tr><td>2人称</td><td>и́мате　イマテ</td><td>разгова́ряте　ラズゴヴァリャテ</td><td>-те</td></tr>
<tr><td>3人称</td><td>и́мат　イマット</td><td>разгова́рят　ラズゴヴァリャット</td><td>-т</td></tr>
</table>

- 語尾が、1人称単数形で **-м**、複数形で **-ме** となるのが、第三変化動詞の特徴です。また、見出し語となる1人称単数形が、唯一 -м で終わるため、第一・第二変化動詞から容易に区別できます（☞ 3、4課）。
- 3人称単数形の語尾はありません。ゆえに、3人称単数形＝現在語幹になります。これは第一・第二変化動詞も同様です。
- 否定形は動詞の前に не を置いて作ります。
  Не позна́вам Пе́тър. ネポズ**ナ**ヴァム　ペタル（私は）ペタルを知らない。
  ただし、и́мам「持っている」だけは特別な否定形 **ня́мам** を使います。変化の仕方は и́мам と同じです。ня́мам, ня́маш, ня́ма, ня́маме, ня́мате, ня́мат
- 疑問形は、通常、動詞の後ろに ли を置いて作ります。なお、疑問文のイントネーションは、疑問の中心となる語（ли の直前の語、または疑問詞）のアクセントのある音節を高く発音することで得られます。

И́маш **ли** вре́ме? イマシリ　ヴレメ（君は）時間がありますか？

ダイアローグで学んでみよう

あなた日本語勉強しているのよね？

Нали́ ти́ у́чиш япо́нски ези́к?

Track 25

Петър **Ю́ри, ти́ гово́риш бъ́лгарски мно́го ху́баво.**
ユリ　　ティ　　ゴヴォリシ　　バルガルスキ　　ムノゴ　　フバヴォ

Не é ли тру́ден ези́к?
ネエリ　　トゥルデン　　エズィク

Юри **Благодаря́, Пе́тре. Съгла́сна съм.**
ブラゴダリャ　　ペトレ　　サグラスナサム

Найстина е тру́ден, но у́ча с голя́мо удово́лствие!
ナイスティナエ　　トゥルデン　　ノウチャ　　ズゴリャモ　　ウドヴォルストヴィエ

Петър **Ти́ ви́наги рабо́тиш усъ́рдно. Бра́во!**
ティ　ヴィナギ　　ラボティシ　　ウサルドノ　　ブラヴォ

Юри **А ти́ нали́ у́чиш япо́нски ези́к?**
アティ　　ナリ　　ウチシ　ヤポンスキ　エズィク

И́маш ли ну́жда от по́мощ?
イマシリ　　ヌジュダ　オットポモシュト

Петър **Да́, мо́ля! Кога́то и́маш свобо́дно вре́ме.**
ダ　　モリャ　　コガト　　イマシ　　スヴォボドノ　　ヴレメ

ペタル　　ユリ、君はブルガリア語をとても上手に話
　　　　すね。（ブルガリア語は）難しくない？

ユリ　　ありがとう、ペタル。そうね。確かに難し
　　　　いけれど、とても楽しんで勉強しているよ。

ペタル　　君はいつも一生懸命だよね。素晴らしい！

ユリ　　あなた日本語勉強しているのよね？　お手伝いは必要？

ペタル　　うん、お願い！　君が時間あるときに。

| **Ти гово́риш бъ́лгарски мно́го ху́баво.** | 君はブルガリア語をとても上手に話すね。 |

гово́риш は、第二変化動詞 гово́ря「話す」の現在 2 人称単数形です（☞この課のポイント）。ダイアログに出てくる **благодаря́**「（私は）感謝する」、**у́ча**「（私は）学ぶ」、**рабо́тиш**「（君は）働く、勉強する」、**мо́ля**「（私は）お願いする」はどれも第二変化動詞です。また、**ху́баво** は「きれいに、上手に」を表す副詞で、**мно́го** は元来「たくさん、多くの」を意味しますが（☞2 課 **мно́го рабо́та**）、転じて、副詞として「とても」の意味でも使います。

| **Благодаря́, Пе́тре.** | ありがとう、ペタル。 |

Пе́тре は、**Пе́тър** の呼格形です（☞いろいろな表現）。

| **Съгла́сна съм.** | （私は）同意します。 |

形容詞 **съгла́сна** は、「同意している」を意味する **съгла́сен** の女性形です（☞この課のポイント）。このとき、語末 **-ен** の **е** が、変化に伴って脱落することに注意しましょう。また、女性形になっているのは、主語がユリで、女性であるためです。つまり、実際の人間の性に合わせて変化しています。もし男性が主語なら、**Съгла́сен съм.** となり、形容詞は男性形になります。

| **У́ча с голя́мо удово́лствие!** | とても楽しんで勉強しているよ。 |

с удово́лствие で「喜んで」を意味する慣用表現です。形容詞 **голя́м**「大きい」は、修飾する **удово́лствие**「喜び」が中性名詞なので中性形になっています。

| **А ти нали́ у́чиш япо́нски ези́к?** | あなた日本語勉強しているのよね？ |

нали́ は、同意や念押しを表す助詞です。文や単語と一緒に用いられるほか、**Нали?**「だよね？」と単独でもよく用いられます。

| **И́маш ли ну́жда от по́мощ?** | お手伝いは必要？ |

и́мам ну́жда от... は、「…が必要である」を意味する慣用表現です。

| **Кога́то и́маш свобо́дно вре́ме.** | 君が時間あるときに。 |

кога́то は、「～するとき」を意味します。**свобо́дно вре́ме** は「暇な時間」です。

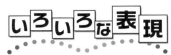

◆呼びかけの表現

　ブルガリア語の名詞の中には、呼びかけに用いる特別な形（呼格形）を持つ語があります。例えば、ダイアログで出てきた Пе́тре は、Пе́тър の呼格形です。日本語にあえて訳すなら、「ペタルよ」ということになります。代表的な作り方は次の通りです。

	作り方	主格	呼格形
男性	語末に -e を付す	Ива́н イヴァン イヴァン（男性名） Пе́тър ペタル ペタル	Ива́не イヴァネ Пе́тре* ペトレ
女性	-а, → -о**	ма́ма ママ　お母さん	ма́мо マモ
	-ка, → -ке -ица, → -ице	Ива́нка イヴァンカ イヴァンカ（女性名） госпо́жица ゴスポジッァ　お嬢さん	Ива́нке イヴァンケ госпо́жице ゴスポジッェ

　　＊ Пе́тър のように最終音節に ъ があるとき、呼格形に変える際に ъ が脱落します。
　　＊＊現代語では、-o の呼格語尾は人名にはあまり用いられません。

　主として、人名や人を表す普通名詞（単数形）から作られますが、擬人化して呼びかける場合にも呼格形をとることがあります。

Ми́ла **Роди́но**, ти́ си зе́мен ра́й!「愛しき祖国よ、そなたは地上の楽園」（国歌）
Ху́бава си, мо́я **го́ро.**　「そなたは美しい、我が森よ」（L. カラベロフの詩）
　　　　　　＊ роди́на「祖国」→ роди́но、гора́「森」→ го́ро

◆否定疑問文

　否定疑問文は、否定の助詞 не と疑問の助詞 ли で動詞を挟むことで作ります。

Не си́ **ли** бъ́лгарин?　（君は）ブルガリア人じゃないの？
Не позна́вате **ли** Пе́тър?　（あなた方は）ペタルを知らないのですか？

◆頻度を表す表現

　ダイアログに出た副詞 ви́наги「いつも」以外の頻度を表す副詞も覚えましょう。
обикнове́но 普段は、че́сто 頻繁に、поня́кога ときどき、ря́дко まれに

♪色を表す形容詞

　　черве́н 赤い、бя́л 白い、жъ́лт 黄色い、че́рен 黒い、зеле́н 緑色の、си́н 青い
　　　＊ син だけ、不規則な変化をします。男性 си́н、女性 си́ня、中性 си́нью

●第二変化動詞 (и 変化) の現在形

第二変化動詞と第一変化動詞は、現在形の語尾が共通です。代わりに、語尾の前に添えられる母音が異なります。第二変化動詞では、1人称単数・3人称複数以外で、и が語尾の前に添えられます（= и 変化動詞）。以後、第二変化動詞は -иш を併記します。

ダイアローグで学んでみよう

		говóря ゴヴォリャ 話す	ýча ウチャ 学ぶ	母音	語尾
単数	1人称	говóря ゴヴォリャ	ýча ウチャ	—	-я, -а*
	2人称	говóриш ゴヴォリシ	ýчиш ウチシ	и	-ш
	3人称	говóри ゴヴォリ	ýчи ウチ	и	—
複数	1人称	говóрим ゴヴォリム	ýчим ウチム	и	-м
	2人称	говóрите ゴヴォリテ	ýчите ウチテ	и	-те
	3人称	говóрят ゴヴォリャット	ýчат ウチャット		-ят, -ат*

*語尾 -я, -а, -ят, -ат の発音はそれぞれ [-йъ], [-ъ], [-йът], [-ът] です。

- 1人称単数と3人称複数の語尾は、ж, ч, ш の後では、**-а, -ат** を書きます。

●名詞の性 (文法性)

ブルガリア語の名詞には性があり、男性・女性・中性の3つの性を区別します。名詞自体の形（語末）で、どの性に属するか大まかに判断できますが、例外もあります。

	男性 тóй	女性 тя́	中性 тó
原則	**語末が子音** езѝк エズィク 言語 грáд グラット 町	**語末が -а, -я** рáбота ラボタ 仕事 вечéря ヴェチェリャ 夕食	**語末が -о, -е** сéло セロ 村 врéме ヴレメ 時間
例外	語末が母音 бащá バシタ 父	語末が子音 пóмощ ポモシト 助け	借用語 (-и, -у, -ю など) таксѝ タクスィ タクシー

●形容詞の変化① (性)

形容詞は、関係する名詞の性や人間の性に合わせて変化します。辞書の見出し語にもなる男性形は、基本的に子音または **-ски** で終わります。

男性 **子音** / -ски	女性 **-а** / -ска	中性 **-о** / -ско
нóв ノフ 新しい бъ́лгарски バルガルスキ ブルガリアの	нóва ノヴァ бъ́лгарска バルガルスカ	нóво ノヴォ бъ́лгарско バルガルスコ

- 女性で **-а**、中性で **-о** の語尾を付けて変化させます。
- ただし、変化の際に最終音節のъ や е が脱落することがあるので注意が必要です。
  свобóдно врéме 暇な時間 < свобóден 自由な、暇な

講義の後にカフェに来られる？

Мо́жеш ли да до́йдеш в кафене́то след ле́кцията?

Track
27

Петър **Ю́ри, и́скаш ли да оти́дем за́едно на кафе́?**
ユリ　　イスカシリ　　　ダオッティデム　　ザエドノ　　　ナカフェ

Юри **Не мо́га, Пе́тре. И́мам о́ще една́ ле́кция**
ネモガ　　　ペトレ　　イマム　オシテ　エドナ　　レクツィヤ

по бъ́лгарски. Нали́ зна́еш?
ポバルガルスキ　　　ナリ　　ズナエシ

Петър **Добре́. Мо́жеш ли да до́йдеш в кафене́то**
ドブレ　　　モジェシリ　　　ダドイデシ　　　　フカフェネト

след ле́кцията?　Не и́скаш ли да пи́ем кафе́
スレットレクツィヤタ　　　　ネイスカシリ　　　　　ダピエム　　カフェ

и да яде́м сладоле́д?
イダヤデム　　　　スラドレット

Юри **Благодаря́ за пока́ната. Но вечерта́ ми́сля да чета́**
ブラゴダリャ　　　ザポカナタ　　　　ノヴェチェルタ　　ミスリャ　ダチェタ

вкъ́щи. Извиня́вай. Ха́йде, ча́о и ле́ка ве́чер.
フカシティ　イズヴィニャヴァイ　ハイデ　チャオ　イレカ　ヴェチェル

ペタル　ユリ、一緒にコーヒーを飲みに行きたい？
ユリ　　ダメなの、ペタル。（私は）まだもう１つ
　　　　ブルガリア語の講義があるから。知ってい
　　　　るでしょう？

ペタル　分かった。講義の後にカフェに来られる？
　　　　一緒にコーヒーを飲んで、アイスを食べない？
ユリ　　お誘いありがとう。でも、夕方はおうちで読書をしようと思ってるの。
　　　　ごめんなさい。それじゃあ、またね。良い夜を。

Йскаш ли да отйдем заедно на кафе?	一緒にコーヒーを飲みに行きたい？

отйдем は、第一変化動詞 отйда「行く」の現在 1 人称複数形です（☞この課のポイント）。そのほか、мóга「（私は）できる」、знáеш「（君は）知っている」、дóйдеш「（君は）来る」、пйем「（私たちは）飲む」、ядéм「（私たちは）食べる」、четá「（私は）読む」はどれも第一変化動詞です。

йскам「欲する」や мóга「できる」をほかの動詞とつなげる場合は、助詞の да を用います（☞いろいろな表現）。ここでは、йскаш「（君が）欲する」と отйдем「（私たちが）行く」が да によってつなげられ、「（私たちが）行くことを（君が）欲する」となります。また、на кафе で「コーヒーを飲みに（行く）」の意味です。

Ймам óще еднá лéкция по бългаски.	まだもう 1 つブルガリア語の講義があるの。

еднá は、数詞 едйн「1」の女性形です（☞ 10 課）。女性名詞 лéкция「講義」を修飾しているため、女性形となっています。óще は「さらに、もう」の意味なので、óще еднá лéкция で「もう 1 つの講義」となります。また、前置詞 по は、ここでは専門の分野や領域を表して、「～（の分野）の」を意味します。

Мóжеш ли да дóйдеш в кафенéто след лéкцията?	講義の後にカフェに来られる？

мóжеш は、мóга「できる」の現在 2 人称単数形で、変化に際して語幹に子音交替を伴います（☞この課のポイント）。да によって後の дóйдеш と結び付けられ、「（君は）来ることができる」という意味になります。

кафенéто と лéкцията は、どちらも後置冠詞形です。文脈の中ですでに言及され、話している二人が、指している対象を具体的に認識しているとき、後置冠詞形になります（☞この課のポイント）。

Благодаря за поканата.	お誘いありがとう。

Благодаря за... で、「…をありがとう」の意味です。поканата は、покана「招待」の後置冠詞形です。直前のペタルのお誘いを指しています。

Вечертá мйсля да четá вкъщи.	夕方はおうちで読書をしようと思っているの。

вечертá は、子音で終わる女性名詞 вéчер「夕方」の後置冠詞形で、ここでは副詞的に使われています。мйсля は、「考える、思う」という意味の第二変化動詞です。вкъщи は「家で」を意味する副詞です。

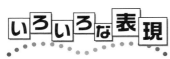

◆ да 構文を用いた表現①

ブルガリア語には動詞の不定形が存在しません。そのため、и́скам「欲する」などの動詞をほかの動詞と結び付けたい場合には、助詞 да の力を借りる必要があります。このとき、да とその後に続く動詞の組み合わせ　да ＋動詞の現在形　を **да 構文**と呼びます。

да 構文を導くのによく使われる動詞には、и́скам のほか、мо́га, -жеш「できる」、ми́сля, -иш「考える」などがあります。

> **И́скам** да пи́я кафе́.　（私は）コーヒーが飲みたい。
> **Мо́жеш** да яде́ш су́ши.　（君は）寿司を食べられる。
> **Ми́слим** да чете́м вкъ́щи.　（私たちは）家で読書しようと思っています。

以上の例から分かるように、да の後の動詞もまた現在形で主語に合わせて人称変化することに注意しましょう。

否定文や疑問文を作る際には、да の前の動詞に、それぞれ не や ли を添えます。

> **Не** мо́жем да яде́м су́ши.　（私たちは）寿司を食べられない。
> И́скаш **ли** да пи́еш кафе́?　（君は）コーヒーを飲みたい？

また、и́скам「欲する」に限り、да の前後で動詞を違う人称で変化させることができます。

> И́скам да обя́двам.（1人称単数＋1人称単数）　私は昼食をとりたい。
> 　☞「（私が）欲する　＋　（私が）昼食をとることを」
> И́скам да **обя́дваш**.（1人称単数＋**2人称単数**）　私は君に昼食をとってほしい。
> 　☞「（私が）欲する　＋　（君が）昼食をとることを」　＊ обя́двам「昼食をとる」

●第一変化動詞（e変化）の現在形

第一変化動詞では、1人称単数・3人称複数以外で、母音 e が語尾の前に添えられます（= e 変化動詞）。以後、第一変化動詞は -еш を併記します。

		пия ピャ 飲む	мога モガ できる	母音	語尾
単数	1人称	пия ピャ	мога モガ	—	-я, -а*
	2人称	пиеш ピエシ	можеш モジェシ	e	-ш
	3人称	пие ピエ	може モジェ	e	—
複数	1人称	пием ピエム	можем モジェム	e	-м
	2人称	пиете ピエテ	можете モジェテ	e	-те
	3人称	пият ピヤット	могат モガット	—	-ят, -ат*

＊語尾 -я, -а, -ят, -ат の発音はそれぞれ [-йъ], [-ъ], [-йът], [-ът] です。

- 1人称単数が **-га, -ка** で終わる動詞は、1人称単数・3人称複数以外（母音 e の前のみ）で、**г→ж、к→ч** の子音交替が起こります。мо́га→мо́жеш
- 不規則な第一変化動詞として ям「食べる」と дам「与える」があります。1人称単数形以外は、それぞれ яд-, дад- をもとにして規則通りに変化します。例えば、ям は次のように変化します。ям, яде́ш, яде́, яде́м, яде́те, яда́т

●名詞の後置冠詞形①（女性・中性）

ブルガリア語では、英語などの定冠詞に相当するものが、名詞の語末に分かち書きせずに後置されます。これを後置冠詞形と呼びます。文脈の中ですでに話題になったり、目の前にあったりすることで、話し手と聞き手の両方が具体的な指示対象を理解している場合などに、名詞は後置冠詞形になります。

形容詞と同じように、修飾する名詞の性・数に従って異なる形をとります。まず、女性・中性名詞（単数）の後置冠詞形を学びます。女性名詞には -та、中性名詞には -то を付けると後置冠詞形になります。例外はありません。

女性名詞 **-та**	中性名詞 **-то**
пока́ната ポカナタ 招待	се́лото セロト 村
ле́кцията レクツィヤタ 講義	кафене́то カフェネト カフェ
вечерта́ ヴェチェルタ 夕方	такси́то タクスィト タクシー

- 子音で終わる女性名詞に限り、アクセントが後置冠詞に移動します。
ве́чер → вечерта́

ダイアローグで学んでみよう

ユリを誘ってもいい？

Мо́же ли да пока́ня Юри?

Track
29

Милена	**Дне́с ни́е с Биля́на ми́слим да пече́м то́рти вкъ́щи.** ドゥネス ニエ ズビリャナ ミスリム ダペチェム トルティ フカシティ
Кенджи	**Тря́бва да хо́дя на ле́кция, но мо́га да до́йда** トリャブヴァ ダホデャ ナレクツィヤ ノモガ ダドイダ **вечерта́.** ヴェチェルタ
Милена	**Су́пер! Тога́ва мо́же ли да помо́ля за две́ бути́лки** スペル トガヴァ モジェリ ダボモリャ ザドゥヴェ ブティルキ **бя́ло ви́но?** ビャロ ヴィノ
Кенджи	**Добре́. Зна́м магази́н с мно́го ху́бави бе́ли вина́!** ドブレ ズナム マガズィン スムノゴ フバヴィ ベリ ヴィナ **Мо́же ли да пока́ня Юри?** モジェリ ダボカニャ ユリ
Милена	**Мо́же, разби́ра се! И́маме о́ще** モジェ ラズビラセ イマメ オシテ **свобо́дни места́ на ма́сата.** スヴォボドゥニ メスタ ナマサタ

ミレナ	今日、ビリャナとおうちでケーキを焼こうと思っているの。
ケンジ	講義に行かなくてはならないけれど、夜には行けるよ。
ミレナ	最高ね！　それじゃ、白ワインを２本お願いしてもいい？
ケンジ	オーケー。とっても良い白ワインを置いている店を知っているんだ。 ユリを誘ってもいい？
ミレナ	いいよ、もちろん！　テーブルの席にはまだ空きがあるから。

| **Днéс нúе с Биля́на мúслим да печéм тóрти вкъ́щи.** | 今日、ビリャナとおうちで ケーキを焼こうと思っているの。 |

печéм は、第一変化動詞 **пека́**「焼く」の現在1人称複数形です。語幹に **к → ч** の子音交替を含むタイプの動詞です（☞ 4 課）。また、**тóрти** は、女性名詞 **тóрта**「（ホール）ケーキ」の複数形です（☞この課のポイント）。

| **Тря́бва да хóдя на лéкция.** | 講義に行かなくてはならない。 |

Тря́бва да... は義務を表し、「…をしなければならない」を意味します（☞いろいろな表現）。**хóдя на...** で「…へ行く」です。

| **Мóже ли да помóля за двé бутúлки бя́ло вúно?** | 白ワインを2本お願いしても いい？ |

мóже ли да...?「…をしてもよいか？」は許可を求める表現です（☞いろいろな表現）。また、**помóля, -иш** は「お願いする」です。

「2」に相当する単語は **два́** ですが、ここでは女性名詞の **бутúлка**「ボトル」の複数形 **бутúлки** と結び付いて **двé** という形をとります（☞ 10 課）。**тогáва** は「それでは」を意味します。

| **Зна́м магазúн с мнóго хýбави бéли вина́!** | とっても良い白ワインを 置いている店を知っているんだ。 |

зна́м は、**зна́я, -еш**「知っている」の代わりに用いられることがありますが、意味は同じです。現在1人称単数形だけこのような特別な形を持ち、ほかは全て **зна́я** と同じように、**зна́еш, зна́е...** と変化します。

бéли вина́ は、**бя́ло вúно**「白ワイン」の複数形です（☞この課のポイント）。ワインの種類や（ボトルの）本数が複数ある場合などに複数形が用いられることがあります。ダイアログ中のミレナのセリフにもあるように **двé бутúлки**「2本の」のような語を添える場合は、**бя́ло вúно** 自体を複数形にする必要はありません。また、**бя́ло** が複数形で **бéли** となる、**я → е** の母音交替も要注意です。

| **Мóже, разбúра се!** | いいよ、もちろん！ |

Разбúра се! は「もちろん！」を意味する決まった表現です。

| **Úмаме óще свобóдни места́ на ма́сата.** | テーブルの席にはまだ空きが あるから。 |

места́ は、中性名詞 **мя́сто**「席」の複数形ですが、複数形でアクセントが語尾に移ります。このとき、語中の **я** が **е** に交替します（☞ p.99）。

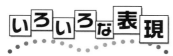

◆ да 構文を用いた表現②

Track
30

◆ да 構文を用いた表現②

мо́же「〜してよい（許可）」, тря́бва「〜しなければならない（義務）」などの無人称動詞（常に 3 人称単数形で現れる動詞のこと）は、前の課で取り上げた да 構文と結び付いた形でよく使われます。まずは、ダイアログの例文を見てみましょう。

Мо́же ли <u>да пока́ня</u> Ю́ри? （私は）ユリを誘ってもいいですか？
Тря́бва <u>да хо́дя</u> на ле́кция. （私は）講義に行かなくてはならない。

＊ пока́ня, -иш 招待する

да 構文の動詞だけが人称変化し、それによって主語が示されます。無人称動詞である мо́же や тря́бва は、主語の人称や数に合わせた変化は不要です。

мо́же は、疑問形で使うことがとりわけ多いです。Мо́же ли да...?「…していいですか」は、許可を求めるのに使える有用な表現です。ジェスチャーと合わせて、単に Мо́же ли?「いいですか？」と言うだけでもいろいろな場面に応用して使えます。返答は、許可を与えたければ Мо́же.「いいです」ですが、許可を与えられない場合には Не мо́же.「だめです」となります。

— **Мо́же** ли? いいですか？
— **Мо́же**, разби́ра се! いいですよ、もちろん！
— **Мо́же** ли <u>да пу́ша</u> ту́к? （私は）ここでタバコを吸ってもいいですか？
— Не **мо́же**. ダメです。

＊ пу́ша, -иш タバコを吸う

一方、тря́бва も、否定形と疑問形の作り方は一緒です。

Не **тря́бва** <u>да хо́дите</u> на ле́кция. （あなたたちは）講義に行く必要はない。
Тря́бва ли <u>да у́чим</u> бъ́лгарски ези́к? （私たちは）ブルガリア語を勉
強しなければいけませんか？

否定形の не тря́бва は禁止の意味にはなりません。禁止は、не би́ва を使います。

Не би́ва <u>да лъ́жеш</u>. （君は）嘘をついてはいけません。

＊ лъ́жа, -еш 嘘をつく

●名詞の複数形① （女性・中性）

◆女性名詞の複数形

女性名詞は、語末の -a, -я を **и** に変えることで複数形が得られます。語末が子音の女性名詞は、そのまま **и** を添えてください。

単数形	複数形語尾	複数形
то́рта トルタ （ホール）ケーキ ле́кция レクツィヤ 講義 ве́чер ヴェチェル 夕方	**-и**	то́рти トルティ ле́кции レクツィイ ве́чери ヴェチェリ

◆中性名詞の複数形

中性名詞には大きく分けて3種類の複数形語尾があります。

語末	単数形	複数形語尾	複数形	アクセント
-о 　-це 　-ще	ви́но ヴィノ ワイン сърце́ サルツェ 心 учи́лище ウチリシテ 学校	**-а**	вина́ ヴィナ сърца́ サルツァ учи́лища ウチリシタ	語尾へ移動 移動なし
-е 　-и,-у,-ю	кафене́ カフェネ カフェ такси́ タクスィ タクシー	**-(е)та**	кафене́та カフェネタ такси́та タクスィタ	
-ие	мне́ние ムネニエ 意見	**-я**	мне́ния ムネニヤ	

- 語末が -о の中性名詞の複数形語尾は **-а** で、アクセントが語尾に移動します。-це, -ще に終わる名詞の複数形語尾も同じですが、アクセント移動はありません。
- 語末が -е の中性名詞（-це, -ще, -ие を除く）の複数形語尾は **-ета** です。借用語（-и, -у, -ю で終わるもの）は **-та** をそのまま添えると複数形が作れます。
- 語末が -ие の中性名詞の複数形語尾は、**-я** です。（-ие → -ия）

●形容詞の変化② （数）

形容詞の複数形は、-и を付けて作ります。（複数形で性の区別はありません）

単数形 （男性）	複数形
но́в ノフ	но́ви ノヴィ
бъ́лгарски バルガルスキ	бъ́лгарски＊ バルガルスキ

＊ -ски タイプの形容詞は、男性単数形と複数形が同形になります。

- 女性・中性形でъ や е の脱落があるものは、複数形でも同様に脱落します。
- 語中の я が е に交替するものがあります。бя́л ビャル – бе́ли ベリ 白い

ダイアローグで学んでみよう

たぶんソフィアでおうちにいるよ。

Вероя́тно ще бъ́да вкъ́щи в Со́фия.

Петър	**И́маш ли пла́нове за Ко́леда?**
	イマシリ　　　　プラノヴェ　　　ザコレダ

Юри	**Вероя́тно ще бъ́да вкъ́щи в Со́фия.**
	ヴェロ**ヤ**トノ　　シテバダ　　フ**カ**シティ　　フソフィヤ

Ня́ма да се връ́щам в Япо́ния сега́, защо́то
ニャマ　　ダセヴラシタム　　　フヤポニヤ　　　セガ　　ザシトト

с ма́ма и та́тко че́сто се чу́ваме и си пи́шем.
スママ　　　イタトコ　　**チェ**ストセ　　**チュ**ヴァメ　　イスィピシェム

Петър	**А ня́ма ли да тъ́рсиш пода́ръци за семе́йството си?**
	ア ニャマリ　　ダ タルスィシ　　ポ**ダ**ラツィ　　ザセメイストヴォトスィ

И́скаш ли по́мощ?
イスカシリ　　ポモシト

Юри	**Ще изте́гля катало́зи за ко́ледни пода́ръци**
	シテイス**テ**グリャ　　カタ**ロ**ズィ　　ザコレドニ　　　ポ**ダ**ラツィ

от и́нтернет. Благодаря́. Ве́сели пра́зници.
オット**イ**ンテルネット　　ブラゴダ**リャ**　　　**ヴェ**セリ　　ブラ**ズ**ニツィ

ペタル	クリスマスは予定ある？
ユリ	たぶんソフィアでおうちにいるよ。今回は日本に帰らないつもり。お母さんとお父さんとはよく連絡取り合ってるし、メッセージのやり取りもしてるから。
ペタル	家族のためにプレゼントを探さないの？　手伝おうか？
ユリ	インターネットでクリスマスプレゼントのカタログをダウンロードするつもりなの。ありがとう。素敵な（クリスマス）休暇を。

Track 31

Диалог 6.

| **Ѝмаш ли пла́нове за Ко́леда?** | クリスマスは予定ある? |

　пла́нове は、男性名詞 **пла́н**「予定」の複数形です（☞この課のポイント）。前置詞 **за** は、ここでは「〜のための」と訳せます。**Ко́леда** は「クリスマス」ですから、**пла́нове за Ко́леда** で「クリスマス（のため）の予定」となります。

| **Вероя́тно ще бъ́да вкъ́щи в Со́фия.** | たぶんソフィアでおうちにいるよ。 |

　ще は、未来形を作る助詞です（☞この課のポイント）。**бъ́да** は、**съм** の特別な形で、**ще** や **да** の後で用いることができます。第一変化動詞なので、**бъ́деш**, **бъ́де…** と変化します。ただし、**ще бъ́да** の代わりに **ще съм** と言うこともでき、両者の意味に違いはありません。**вероя́тно** は「たぶん」を意味する副詞です。

| **Ня́ма да се връ́щам в Япо́ния.** | 日本には帰らないつもり。 |

　ня́ма да… で否定未来形を作ります（☞この課のポイント）。**връ́щам се** は「帰る」を意味します。このように **се** を伴って1つの動詞を成すものを **се** 動詞と呼びます（☞いろいろな表現）。なお、**се** の語順に注意が必要です（cf. p.16）。

| **…, защо́то с ма́ма и та́тко че́сто се чу́ваме и си пи́шем.** | お母さんとお父さんとはよく連絡取り合ってるし、メッセージのやり取りもしてるから。 |

　защо́то は、理由や原因を表す従属節を導く接続詞で、「〜から」を意味します。主節と従属節の間にはコンマを入れます。**чу́вам** は「聞こえる」、**пи́ша, -еш** は「書く」ですが、**се** や **си** を伴って **чу́ваме се** と **пи́шем си** とすると、それぞれ「互いに連絡を取り合う」、「（メッセージを）互いに書き合う」を意味します（☞いろいろな表現）。**ма́ма** と **та́тко** はそれぞれ「お母さん」と「お父さん」です。

| **А ня́ма ли да тъ́рсиш пода́ръци за семе́йството си?** | 家族のためにプレゼントを探さないの? |

　си は後置冠詞形の名詞に添えられて「自分の」を意味します（☞ p.110）。従って、**семе́йството си** で「自分の家族」となります。

| **Ще изтегля́ катало́зи за ко́ледни пода́ръци в и́нтернет.** | インターネットでクリスマスプレゼントのカタログをダウンロードするつもり。 |

　изтегля́, -иш はインターネットについて言う場合、「ダウンロードする」の意味で使います。この意味では **сваля́, -иш** もよく使われます。**катало́зи** と **пода́ръци** は、それぞれ **катало́г**「カタログ」と **пода́рък**「贈り物」の複数形です。語末の子音交替に注意しましょう（☞この課のポイント）。

◆季節のあいさつ表現

ダイアログに出てくる Вéсели прáзници!「素敵な休暇を！」は、特にクリスマス休暇や新年の休暇の前に交わされる、英語の Happy Holidays! に相当する表現です。кóледен「クリスマスの」と новогодúшен「新年の」という形容詞を付け加えて、より明確に次のように言うこともできます。

▌ **Вéсели Кóледни и Новогодúшни прáзници!** 素敵なクリスマスと新年の休暇を！

または、簡単に次のように言うこともできます。

▌ **Вéсела Кóледа (и щастлúва Нóва годúна)!** 素敵なクリスマス（と良い新年）を！

щастлúв は「幸せな」、вéсел は「楽しい、陽気な」を意味する形容詞です。また、サンタクロースは Дя́до Кóледа と言います。

◆ ce 動詞（1）

ce 動詞とは、「自分自身」を意味する再帰代名詞の対格形（〜を）の ce、または与格形（〜に）の си を伴って1つのまとまりを成す動詞を指します。大抵の動詞は、ce（または си）を付け加えるだけで ce 動詞を作ることができますが、作られる ce 動詞の意味はさまざまで、必ずしも予測できません。まずは、2つご紹介します。

①自動詞

他動詞（直接目的語をとることができる動詞のこと）の多くは、ce を付け加えると自動詞になります。

врЪщам「返す」 → врЪщам ce「帰る（＝自分自身を返す）」
събýждам「起こす」 → събýждам ce「起きる（＝自分自身を起こす）」

②相互

いくつかの他動詞は、ce または си を付け加えると、「互いに〜し合う」という意味を表します。この意味で主語は複数なので、動詞も普通、複数形になります。

чýвам「聞こえる」→ чýваме ce「（私たちは）連絡を取り合う（＝互いの声を聞き合う）」
вúждам「見る、会う」→ вúждаме ce「（私たちは）会う（＝互いを見合う）」
пúша「書く」→ пúшем си「（私たちは）（手紙やメッセージなどを）互いに書き合う」
говóря「話す」→ говóрим си「（私たちは）話す（＝互いに話し合う）」

②のタイプの ce 動詞は、ダイアログにもあるように、「〜と」を表す前置詞句 c... を付け加えて表現することもできます。また、пúша や говóря のように間接目的語（〜に）をとる動詞では、ce の代わりに、与格形の си を使います。

36　трúйсет и шéст

●動詞の未来形（直説法未来）

　動詞の未来形は、肯定形と否定形で作り方が異なります。肯定形は助詞 **ще** を動詞の現在形の前に添えて ще ＋動詞の現在形 で形成されます。一方、否定形は 無人称動詞 **ня́ма ＋ да 構文** で形成されます。

		тъ́рся タルスャ 探す	
		肯定形	否定形
単数	1人称	**ще** тъ́рся シテ タルスャ	**ня́ма да** тъ́рся ニャマ ダタルスャ
	2人称	**ще** тъ́рсиш シテ タルスィシ	**ня́ма да** тъ́рсиш ニャマ ダタルスィシ
	3人称	**ще** тъ́рси シテ タルスィ	**ня́ма да** тъ́рси ニャマ ダタルスィ
複数	1人称	**ще** тъ́рсим シテ タルスィム	**ня́ма да** тъ́рсим ニャマ　ダタルスィム
	2人称	**ще** тъ́рсите シテ タルスィテ	**ня́ма да** тъ́рсите ニャマ　ダタルスィテ
	3人称	**ще** тъ́рсят シテ タルスャット	**ня́ма да** тъ́рсят ニャマ　ダタルスャット

- 肯定形と否定形では、疑問の助詞 ли を置く場所が異なります。肯定形では動詞現在形の後ろに、否定形では無人称動詞 ня́ма の後ろに置きます。
  Ще тъ́рсиш **ли**? シテタルスィシリ / Ня́ма **ли** да тъ́рсиш? ニャマリ　ダタルスィシ

●名詞の複数形②（男性）

　男性名詞には、**単音節語**か**多音節語**かで大きく二通りの形成法があります。基本的には、単音節語には **-ове**、多音節語には **-и** の複数形語尾を用います（例外は ☞ p.101）。

	単数	語末	複数形語尾	複数
単音節	пла́н プラン 計画 но́ж ノシ ナイフ гра́д グラット 町	子音	**-ове**	пла́нове プラノヴェ ножо́ве ノジョヴェ градо́ве グラドヴェ
多音節	прия́тел プリヤテル 友人	ほとんどの子音	**-и**	прия́тели プリヤテリ
	музе́й ムゼイ 博物館	-й → —		музе́и ムゼイ
	пра́зник プラズニク 祝日 катало́г カタログ カタログ мона́х モナフ 修道士	-к → -ц -г → -з -х → -с		пра́зници プラズニツィ катало́зи カタロズィ мона́си モナスィ
	бъ́лгарин バルガリン	-ин → —		бъ́лгари バルガリ

- 単音節語には、アクセント移動を伴うものがあります (ножо́ве, градо́ве)。
- 複数形語尾 **-и** の前で、語末子音が交替する語があります (**к**→**ц**、**г**→**з**、**х**→**с**)。
- 最終音節の ъ や е は、脱落することがあります。чужде́нец – чужденци́ 外国人

町中の観光名所を回るつもりだよ。

Ще обика́ляме забележи́телностите в града́.

Track 33

Кенджи　**У́тре ще пъту́вам за Вели́ко Тъ́рново с прия́тели**
ウトレ　シテパトゥヴァム　　ザヴェリコ　　タルノヴォ　　スプリヤテリ

от университе́та.
オットウニヴェルスィテタ

Биляна　**О́, су́пер! Градъ́т е осо́бено краси́в през зи́мата.**
オ　　スペル　　グラダットエ　　オソベノ　　　クラスィフ　　プレズズィマタ

Какво́ ще пра́вите та́м?
カクヴォ　　　シテプラヴィテ　タム

Кенджи　**Ще обика́ляме забележи́телностите в града́.**
シテオビカリャメ　　　　ザベレジテルノスティテ　　　ヴグラダ

Биляна　**Ху́бава иде́я. Но внима́телно, защо́то пъти́щата са**
フバヴァ　イデヤ　　ノヴニマテルノ　　　ザシトト　　パティシタタサ

хлъ́згави и през деня́.
フラズガヴィ　　イプレズデニャ

Кенджи　**Добре́. Но ка́зват, че деня́т ще е слъ́нчев и то́пъл.**
ドブレ　　ノカーズヴァット　チェデニャット　シテエスランチェフ　イトパル

ケンジ　　明日、大学の友人たちとヴェリコ・タルノ
　　　　　ヴォに旅行に行くんだ。

ビリャナ　わあ、いいね！　冬の（ヴェリコ・タルノ
　　　　　ヴォの）町は、特に美しいよ。そこで何を
　　　　　するつもりなの？

ケンジ　　（私たちは）町中の観光名所を回るつもりだよ。

ビリャナ　いい考えね。でも気を付けて、道は日中でも滑りやすいから。

ケンジ　　分かった。でも、日中は日が出て暖かいそうだよ。

| Ýтре ще пътýвам за Велѝко Тѝрново с прия́тели от университе́та. | 明日、大学の友人たちとヴェリコ・タルノヴォに旅行に行くんだ。 |

Велѝко Тѝрново は、ブルガリア北部の都市で、中世に栄えた第2次ブルガリア帝国の首都でした。前置詞 **за** は、ここでは方向や目的地を表して「～へ向けて」を意味します。**университе́та** は、**университе́т**「大学」の後置冠詞形です。前置詞の後に置かれているため、斜格形になっています（☞この課のポイント）。

| Градѝт е осо́бено краси́в през зи́мата. | 冬の（ヴェリコ・タルノヴォの）町は、特に美しいよ。 |

градѝт は、**гра́д**「町」の後置冠詞形です。主語であるため、主格形 **-ѝт** が選ばれています（☞この課のポイント）。**градѝт** が指すのは、直前のケンジのセリフにあるヴェリコ・タルノヴォです。また、**през зи́мата** で「冬に」を意味します（☞いろいろな表現）。**осо́бено** は「特に」を意味する副詞です。

| Ще обика́ляме забележи́телностите в града́. | 町中の観光名所を回るつもりだよ。 |

обика́лям は、「（～を）歩き回る」を意味します。**забележи́телност**「観光名所」は子音で終わる女性名詞です。文中では、複数形に後置冠詞が付いた形になっています。**в града́** は、「（その）町で」ということですが、これはヴェリコ・タルノヴォのことです。前置詞の後で用いられており、主語ではないため、後置冠詞の斜格形 **-а** が付いています。

| Но внима́телно, защо́то пѝтищата са хлѝзгави и през деня́. | でも気を付けて、道は日中でも滑りやすいから。 |

внима́телно は、「注意深く」を意味する副詞です。**пѝтищата** は、**пѝт**「道」の不規則な複数形 **пѝтища** が後置冠詞形になっています。**през деня́**「日中に」は、前置詞 **през** の後なので、**де́н**「日、日中」が斜格の後置冠詞形になっています。後のケンジのセリフ中の **деня́т** と比較しましょう（主語であるために主格の後置冠詞形です）。また、**и** はここでは助詞として「～も、～さえ」という意味で使われています。形容詞 **хлѝзгав** は「滑りやすい」を意味します。

| Ка́зват, че деня́т ще е слѝнчев и то́пъл. | 日中は日が出て暖かいそうだよ。 |

Ка́зват, че… で、「…と言われている」という意味です。動作自体に注意が向けられ、その動作の主体を問題としていない場合（ここでは誰が言っているかということ）、主語を置かずに動詞を3人称複数形にします（これを不定人称文と呼びます）。**слѝнчев** は「晴れた」、**то́пъл** は「暖かい」です。

ダイアローグで学んでみよう

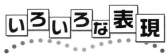

◆四季の表現

ブルガリア語で季節は、sezón または godíшно vréme と言います。四季の各名称は次の通りです。また、「春に」などと言いたければ、「前置詞 през ＋後置冠詞形」で表現します。

春	próлет プロレト	през пролетта́ プレスプロレッタ
夏	ля́то リャト	през ля́тото プレズリャトト
秋	е́сен エセン	през есента́ プレズエセンタ
冬	зи́ма ズィマ	през зи́мата プレズズィマタ

四季の名詞の中で、próлет と е́сен は、子音で終わる女性名詞であることに注意しましょう。後置冠詞形は -та́（アクセント付き）を使います（☞ 4 課）。

また、それぞれ派生させて、próлетен「春の」、ле́тен「夏の」、е́сенен「秋の」、зи́мен「冬の」という形容詞を作ることができます。いずれの形容詞も最終音節の е は、性・数の語尾が加わると、脱落してしまいます（ля́тна вака́нция 夏休み）。また、ля́то の語幹にある я は、я/е の母音交替を伴います。従って、ле́тен の性・数の変化は、ле́тен, ля́тна, ля́тно, ле́тни です。

◆1日の中の時間帯の表現

スキットでは、もう1つ、前置詞 през を使った表現 през деня́「日中に」が出てきました。このほかに、през нощта́「夜に」も合わせて覚えておきましょう（нощ「夜」は子音終わりの女性名詞です）。また、前置詞 през は月や年を表すときにも使われます（☞ 18 課）。

これ以外の1日の中の時間帯の表現の仕方として、о́бед「お昼、お昼ごはん」という語を使って、предио́бед「午前に」、по о́бед「昼に」、следо́бед「午後に」ということができます。

♪時を表す副詞表現

今日 днéс 明日 у́тре 明後日 вдру́гиден 昨日 вчéра

一昨日 о́нзи дéн / за́вчера 今夜 довéчера 来年 догоди́на 昨晩 снóщи

来～ слéдващ, -а, -о, -и e.g. слéдващата сéдмица* 来週

先～ ми́нал, -а, -о, -и e.g. ми́налия мéсец* 先月

　＊これらの表現では、普通、後置冠詞形にします。（形容詞の後置冠詞形については、8
　課を参照）

●名詞の後置冠詞形② (男性)

男性名詞の後置冠詞形には、文中での役割に従って**主格形**と**斜格形**があります。

語末	後置冠詞	主格形	斜格形
ほとんどの子音	**-ът, -а***	град**ъ́т** グラダット 町 университе́т**ът** 大学 ウニヴェルスィテタット	град**а́** グラダ университе́т**а** ウニヴェルスィテタ
-й → — 人を表す -тел, -ар 上記以外（少数）	**-ят*, -я***	музе́**ят** ムゼヤット 博物館 прия́тел**ят** プリヤテリャット 友達 ден**я́т** デニャット 日	музе́**я** ムゼヤ прия́тел**я** プリヤテリャ ден**я́** デニャ

* -а, -ят, -я と書きますが、発音はそれぞれ [-ъ], [-йът], [-йъ] となります。

- **主格形**は、主語の名詞に付く形です。Град**ъ́т** е краси́в. その町は美しい。
- **斜格形**は、目的語の名詞、または前置詞と共に用いられる名詞に付く形です。
  Разгле́ждам град**а́**. 町を見物する。／це́нтър на град**а́** 町の中心
- 単音節語の中には、アクセントが後置冠詞に移るものが、上記の град 以外にもいくつかあります。ча́с 時刻、си́н 息子、мъ́ж 男性、夫 など
- **-ят, -я** の後置冠詞は、-й で終わる語や人を表す接尾辞 -тел, -ар で終わる語がとるほか、これに当てはまらない例外が де́н 以外に少数あります。пъ́т**ят**, **-я** 道 など
- 表にはありませんが、母音で終わる男性名詞の後置冠詞は、語末の母音に従って -та と -то を使い分けます。主格形と斜格形の区別はありません。
  баща́**та** 父、чи́чо**то** おじ

●名詞の後置冠詞形③ (複数)

　複数形の名詞の後置冠詞形は 2 通りありますが、性に関係なく、複数形語尾がどの母音で終わるかによって決まります。複数形が -а, -я で終わるときは **-та** を、-и, -е で終わるときは **-те** を付します。また、アクセント移動はありません。

複数形の語末	後置冠詞	複数形	複数の後置冠詞形
-а, -я	**-та**	мест**а́** メスタ 席 мне́ни**я** ムネニヤ 意見	мест**а́та** メスタタ мне́ни**ята** ムネニヤタ
-и, -е	**-те**	прия́тел**и** プリヤテリ 友達 градов**е́** グラドヴェ 町	прия́тел**ите** プリヤテリテ градов**е́те** グラドヴェテ

ダイアローグで学んでみよう

今日は近年で最も寒い日なんだ。

Днéс е нáй-студéният дéн през послéдните годúни.

Track
35

Милена **Трѝгваме ли на разхóдка из стáрата стóлица?**
トラグヴァメリ　　　　ナラスホトカ　　　　イススタラタ　　　　ストリツァ

Кенджи **Дá! Рáдвам се, че сегá нямá мнóго турúсти.**
ダ　　ラドヴァムセ　　　チェセガ　　　ニャマ　　ムノゴ　　トゥリスティ

Милена **През лятото úма пóвече хóра заради хýбавото**
プレズリャトト　　イマ　　ポヴェチェ　　ホラ　　ザラディ　　フバヴォト

врéме.
ヴレメ

Кенджи **Спорéд прогнóзата, днéс е нáй-студéният дéн**
スポレット　　　プログノザタ　　　　ドゥネスエ　ナイ　　ストゥデニヤット　デン

през послéдните годúни.
プレスポスレドニテ　　　　ゴディニ

Милена **Сериóзно? Стрýва ми се, че днéс е пó-тóпло**
セリヨズノ　　　ストゥルヴァミセ　　　　チェドゥネスエ　ポ　トプロ

от вчéра.
オットフチェラ

ミレナ 古都（＝ヴェリコ・タルノヴォ）の
散歩に出かけようか？
ケンジ うん！ 今は観光客が少なくてうれ
しいね。
ミレナ 夏は、天気もいいから、もっと多く
の人がいるけれど。
ケンジ 予報によれば、今日は近年で最も寒い日なんだって。
ミレナ 本当に？ 今日は、昨日より暖かいように感じるけれど。

Тръ́гваме ли на разхо́дка из ста́рата сто́лица?	古都の散歩に出かけようか？

тръ́гвам は、「出発する」を意味します。1 人称複数形に疑問の助詞 ли が添えられています。разхо́дка は「散歩」ですから、「散歩へ（私たちは）出かけようか？」という意味になります。前置詞 из は、動作が行われる範囲を表して「〜の中を」を意味します。

ста́рата は、形容詞 стар「古い」の女性形に後置冠詞が付いた形です（☞この課のポイント）。ста́рата сто́лица「古都」は、ヴェリコ・タルノヴォを指します。

Ра́двам се, че сега́ ня́ма мно́го тури́сти.	今は観光客が少なくてうれしいね。

ра́двам се「（私は）うれしい」は се 動詞です（☞ p.36）。се を伴わない ра́двам は「〜を喜ばせる」を意味する他動詞として使いますが、се を伴って自動詞として使われる方が一般的です。че は従属節を導く接続詞で「〜ということ」を意味し、英語の that 節に相当する表現です。ня́ма は、「〜がない、いない」を意味する無人称動詞です（☞いろいろな表現）。

През ля́тото и́ма по́вече хо́ра заради́ ху́бавото вре́ме.	夏は、天気もいいから、もっと多くの人がいる。

и́ма は、「〜がある、いる」を表す無人称動詞です（☞いろいろな表現）。по́вече は、мно́го「たくさんの」の比較級です。хо́ра は、чове́к「人」の不規則な複数形です。заради́ は理由を表す前置詞で「〜なので」を表します。ху́бавото は、形容詞 ху́бав「良い」の中性・後置冠詞形です。

Спо́ред прогно́зата, дне́с е на́й-студе́ният де́н през после́дните годи́ни.	予報によれば、今日は近年で最も寒い日なんだって。

спо́ред... 「…によると」を意味する前置詞です。на́й-студе́ният は、形容詞 студе́н「寒い」の最上級に男性・主格の後置冠詞が付いた形です（☞この課のポイント）。после́дните は、形容詞 после́ден「最後の、最近の」の複数・後置冠詞形です。「〜年に」を表すためには前置詞 през を使います（☞ 18 課）。

Стру́ва ми се, че дне́с е по́-то́пло от вче́ра.	今日は、昨日より暖かいように感じる。

стру́ва ми се, че... 「（私には）…と思われる」を意味する表現です。по́-то́пло は、副詞 то́пло「暖かい」の比較級です。比較の対象は前置詞 от を使って、от вче́ра「昨日より」と表されています。

◆**存在を表す表現**

存在を表すためには **и́ма**「ある、いる」を、否定形は **ня́ма**「ない、いない」を用います。疑問形は ли を後ろに添えて作ることができます。いずれも無人称動詞（常に3人称単数形で用いる）ですから、動詞自体を活用させる必要はありません。存在する人や物の名詞は、и́ма, ня́ма に後続する語順が一般的です。

> И́ма мно́го тури́сти.　観光客がたくさんいます。
> И́ма ли тоале́тна набли́зо?　近くにトイレはありますか？ ＊набли́зо 近くに
> Ня́ма пробле́м.　問題ありません。／ Ня́ма вре́ме.　時間がありません。

また、存在する人や物を人称代名詞で表す場合は、**対格短形**（☞9課）を使います。

> Ня́ма го ту́к.　彼はここにいません。

◆**状態を表す表現**

「暖かい」など状態を表すためには、英語の it のような主語にあたる語を置かずに、状態を表す副詞と съм 動詞の3人称単数形 е を組み合わせます。

> То́пло е.　暖かいです。／ Студе́но е.　寒いです。／ Ве́село е.　楽しいです。

意味上の主語（＝その状態を体験している人）は、人称代名詞の**与格短形**（☞9課）によって表されます。基本的な語順は、副詞＋与格短形＋е です。

> Студе́но ми е.　私は寒いです。／ Ло́шо ми е.　私は調子が悪いです。
> ＊ло́шо　悪い

◆**天気を表す表現**

ほとんどの天気は、上記の状態を表す表現と同じように言い表すことができます。

> Слъ́нчево е.　晴れです。／ О́блачно е.　曇りです。／ Мъгли́во е.　霧です。
> Вла́жно е.　湿気があります。／ Ветрови́то е.　風があります。

ただし、雨や雪が「降る」というときは、вали́ という動詞を用います。雨の場合は、しばしば дъ́жд「雨」という単語は省略されます。

> Вали́ (дъ́жд).　雨が降る。／ Вали́ сня́г.　雪が降る。

天気を尋ねる場合は、какъ́в*「どのような」と вре́ме「天気」を使います。

> Какво́ е вре́мето (в Со́фия)?　（ソフィアの）天気はいかがですか？
> Какво́ ще бъ́де вре́мето у́тре?　明日の天気はいかがですか？
> ＊какъ́в は、каква́, какво́, какви́ と性・数で変化します。

●形容詞の後置冠詞形

名詞が形容詞を伴うときは、名詞ではなく形容詞の方を後置冠詞形にします。形容詞の後置冠詞形は、基本的に名詞に付くものと同じです。

男性		女性 **-та**	中性 **-то**	複数 **-те**
主格形 **-(и)ят**	斜格形 **-(и)я**			
но́в**ият** ノヴィヤット	но́в**ия** ノヴィヤ	но́в**ата** ノヴァタ	но́в**ото** ノヴォト	но́в**ите** ノヴィテ
бъ́лгарски**ят** バルガルスキヤット	бъ́лгарски**я** バルガルスキヤ	бъ́лгарска**та** バルガルスカタ	бъ́лгарско**то** バルガルスコト	бъ́лгарски**те** バルガルスキテ

- 形容詞男性形の後置冠詞では、名詞と同様に**主格形**と**斜格形**が区別され、使い分けも同じです。子音終わりの形容詞は、男性形の語尾 -ят, -я の前に **и** を挟みます。
- 女・中・複数形でъ や е の脱落があるものは、男性の後置冠詞形でも脱落します。добри́ят, добри́я < добъ́р 良い　cf. добра́та, добро́то, добри́те
- 複数形語尾 и の前で я→е の交替があるものは、男性の後置冠詞形 -ия(т) の前でも同じように母音交替が生じます。бе́лият, бе́лия < бя́л 白い　cf. бе́ли
- 複数の形容詞が1つの名詞にかかるときは、最初の形容詞だけ後置冠詞形になります。краси́ва**та** бъ́лгарска приро́да 美しいブルガリアの自然

●形容詞や副詞の比較級・最上級

形容詞や副詞の比較級は **по-** を、最上級は **най-** を付すだけで作られます。по- と най- はどちらもアクセントを持ち、短いハイフン（-）で形容詞や副詞につなげて書きます（по́-но́в, на́й-но́в）。比較級・最上級の形容詞は、性・数の変化をするほか、後置冠詞形をとることもあります。ただし、副詞は不変化です。

	原級	比較級	最上級
形容詞	но́в (-а, -о, -и) ノフ	по́-но́в (-а, -о, -и) ポノフ	на́й-но́в (-а, -о, -и) ナイノフ
副詞	добре́ ドブレ	по́-добре́ ポ ドブレ	на́й-добре́ ナイ ドブレ

- мно́го「多い」の比較級には特別な形を用います。
  原級 мно́го、**比較級 по́вече**、最上級 на́й-мно́го
- 比較の対象（〜より）を示したい場合は、前置詞 от を使います。
  Дне́с е по́-то́пло **от** вче́ра.　今日は昨日より暖かいです。

ダイアローグで学んでみよう

パラチンキが食べたいなあ。

Ядáт ми се палачи́нки.

Track 37

Петър　**Ядáт ми се палачи́нки. И́ма ли, бáбо?**
　　　　　　ヤダットミセ　　　パラ**チ**ンキ　　**イ**マリ　　バボ

Баба　**Сегá ще ти ги донесá, бáбо. С каквó ще ги ядéш?**
　　　　　セ**ガ**　　シテティギドネ**サ**　　バボ　　スカク**ヴォ**　　シテギヤ**デ**シ

　　　　Си́ренето е на бащá ти, а слáдкото е от съсéдката ни.
　　　　　ス**ィ**レネトエ　　ナバシ**タ**ティ　アス**ラ**トコトエ　　オットサ**セ**ットカタニ

Петър　**Предпочи́там със си́рене. Ще ми го донесéш ли?**
　　　　　プレトポ**チ**タム　　サスス**ィ**レネ　　　シテミゴドネ**セ**シリ

Баба　**Нали́ мóжеш сáм да си го взéмеш? Болят ме кракáта.**
　　　　　ナリ　　**モ**ジェシ　**サ**ム　　ダス**ィ**ゴヴ**ゼ**メシ　　ボ**リャ**ットメ　　クラ**カ**タ

ペタル　　パラチンキ（クレープ）が食べたいなあ。おばあちゃん、ある？
祖母　　　今持ってきてあげるわよ。何を添えて食べる？
　　　　　シレネ（白チーズ）はあなたのお父さんので、スラトコ（ジャム）は
　　　　　私たちのお隣さんからもらったものよ。
ペタル　　シレネの方がいいな。持ってきてくれる？
祖母　　　自分で取ってこられるでしょう？　私は足が痛いの。

Ядáт ми се палачи́нки.	パラチンキが食べたいなあ。

　палачи́нки は、ブルガリア風クレープで、朝食やおやつの定番です。1 回に何枚か食べますから、複数形で使います。また、**ядé/ядáт ми се...** で、「（私は）…を食べたい気分だ」の意味です（☞いろいろな表現）。

Сегá ще ти ги донесá, бáбо.	今あなたにそれを持ってきてあげるわよ。

　動詞の未来形で人称代名詞短形が使われる場合、短形は未来の助詞 **ще** と動詞の間に置かれます。**донесá, -éш** は、「持ってくる」を意味します。対格短形の **ги** は、複数形名詞 **палачи́нки** を受けています。

　бáбо は、**бáба**「祖母、おばあさん」の呼格形です（☞3課）。祖母の方が自分の孫に向かって呼びかけるときにも使われることがあります。

Си́ренето е на бащá ти, а слáдкото е от съсéдката ни.	シレネはあなたのお父さんので、スラトコは私たちのお隣さんからもらったものよ。

　си́рене「シレネ」は、塩気の強い白いチーズです。前置詞 **на** は、ここでは所有を表し、「～の」を意味します。**бащá ти**「君の父」の **ти** や **съсéдката ни**「私たちの隣人女性」の **ни** は、いずれも与格短形ですが、ここでは所有の意味で用いられて、それぞれ「君の」、「私たちの」となります（☞この課のポイント）。このような所有者を表す与格短形の前にくる名詞は、**бащá**「父」などの親族名称を除き、後置冠詞形になります。

Предпочи́там със си́рене.	シレネ（と一緒に食べる）の方がいいな。

　前置詞 **с**「～と一緒に」は、後続する名詞が **с** または **з** で始まる語である場合には、**със** という形になります。**предпочи́там** は「～の方を好む」です。

Нали́ мóжеш сáм да си го взéмеш?	自分で取ってこられるでしょう？

　сáм は「自身で」を意味する代名詞です（cf. p.112）。**си** は再帰代名詞の与格短形で「自分自身（のため）に」の意味です（cf. p.68）。

Боля́т ме кракáта.	私は足が痛いの。

　動詞 **боли́, -я́т**「痛む」と人称代名詞対格短形の組み合わせで、「～は…が痛い」という定型表現が作れます（☞いろいろな表現）。**кракáта** は、男性名詞 **крáк**「足」の不規則な複数形 **кракá** の後置冠詞形です。

いろいろな表現

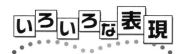

Track 38

◆「〜したい気分だ」を表す表現

動詞の3人称＋人称代名詞与格短形＋ сеの組み合わせで、「〜したい気分だ」を意味します。経験者（「〜したい」と感じている人）は、**与格**短形によって表されます。動詞は普通、3人称単数形になります。

意味上の目的語（「食べたい」「飲みたい」対象を表す名詞）も置くことができますが、それが複数形である場合には、動詞は3人称複数形になります。

Яде́ ми се. 私は何か食べたい気分だ。
Яде́ му се ба́ница. 彼はバニツァ（ブルガリア風パイ）が食べたい気分だ。
Яда́т ни се палачи́нки. 私たちはパラチンキが食べたい気分だ。

この表現では、自分の意志とは関係なく生じる欲求を表します。例えば、Спи́ ми се.「私は眠たい」と言った場合、自分の意志として積極的に眠ることを望んでいるのではなく、単に眠気を感じていることが表されています。この点で、明確に主体の意志や欲求を主張する『и́скам ＋ да 構文』を使った表現（☞ 4 課いろいろな表現）とはニュアンスが異なります。

Спи́ ми се, но не и́скам да спя́. 眠たいけど、眠りたくない。

また、否定文と疑問文は次のように作ります。いずれも前接語の「与格短形＋ се」が1つの固まりとなって動詞に対して語順を変える点に注意が必要です。

Пи́е ми се алкохо́л. 私はアルコールが飲みたい気分だ。
→ *Не* ми́ се пи́е со́к. 私はジュースが飲みたい気分じゃない。
→ Пи́е *ли* ти се би́ра? 君はビールが飲みたい気分か？

◆「〜が痛い」を表す表現

боли́/боля́т ＋人称代名詞対格短形＋名詞（痛みを感じる部分）で、「〜が痛い」を意味します。経験者（「痛い」と感じている人）は、**対格**短形によって表されます。「痛みを感じる部分」を表す名詞は後置冠詞形になり、またその名詞が単数形か複数形かによって、3人称単数形 боли́ か3人称複数形 боля́т が選択されます。

Боли́ ме глава́та. 私は頭が痛い。
Боля́т я крака́та. 彼女は足（複）が痛い。
Не ме́ боли́ гърлото. 私は喉が痛くない。
Боля́т *ли* Ви очи́те? あなたは目（複）が痛いですか？

●人称代名詞の短形

人称代名詞は、主格（〜が）以外に**対格**（〜を）と**与格**（〜に）の形を区別します。また、対格と与格には、**短形**と**長形**の区別もあります。ここでは、短形を学びます。（長形については☞ 14 課）

主格	áз	тú	тóй / тó	тя́	нúе	вúе	тé
対格 〜を	ме メ	те テ	го ゴ	я ヤ	ни ニ	ви ヴィ	ги ギ
与格 〜に	ми ミ	ти ティ	му ム	й* イ			им イム

*右下がりのアクセント記号を振って、接続詞 и と区別します。

- 短形はアクセントを持たず、先行する語とまとまって発音されるため、先行する語がない文頭には立てません。動詞が文頭のときは動詞の<u>直後</u>に置かれますが、それ以外では動詞の<u>直前</u>に置かれます。
  Обúчам те. （私は）あなたを愛する。／ Áз те обúчам. 私はあなたを愛する。
- 否定の助詞 не と共起する場合に限り、短形はアクセントをとります。
  Не_тé обúчам. （私は）あなたを愛さない。
  Не_мý се ядé нúщо. 彼は何も食べる気がしない。　＊нúщо 何も〜ない（☞ p.111）
- 短形の与格と対格が一緒に用いられるときは、必ず **与格＋対格** の語順で 2 つの短形がまとまりを成して、動詞に対する語順が変わります。
  Дáвам му го. ／ Áз му го дáвам. （私は）彼にそれを与える。

●所有者を表す与格短形（所有代名詞短形）

人称代名詞の与格短形は、**所有者を表して**（〜の）の意味で用いることができます。それゆえ、所有代名詞短形とも呼ばれます（長形については☞ 19 課）。
　この用法では、与格短形は、<u>後置冠詞形にした名詞の後ろ</u>に置かれます。形容詞を伴う場合は、<u>後置冠詞形の形容詞の後ろ</u>に置かれ、そのさらに後ろに名詞が置かれる語順になります。
  съсéдка та ни　私たちの隣人女性
  дóбра та ни съсéдка　私たちの良き隣人女性　< добрáта съсéдка

ただし、親族名称の語彙は、形容詞を伴わない単数形では<u>後置冠詞形になりません</u>。
  бащá ми　私の父

ハンドクリーム２つと石鹸３つお願いします。

Два́ кре́ма за ръце́ и три́ сапу́на, ако́ оби́чате.

Продавачка **До́бър де́н. Запово́дайте.**
ドバル　デン　　ザポヴャダイテ

И́маме на́й-разли́чни проду́кти с ро́зово масло́.
イマメ　　ナイラズリチニ　　プロドゥクティ　スロゾヴォ　　マスロ

Петър **Два́ кре́ма за ръце́ и три́ сапу́на, ако́ оби́чате.**
ドゥヴァ　クレマ　ザラツェ　イトリ　サプナ　　アコオビチャテ

Ко́лко стру́ват?
コルコ　ストルヴァット

Продавачка **Петна́йсет ле́ва и два́йсет стоти́нки.**
ペトナイセット　レヴァ　イドゥヴァイセット ストティンキ

Ако́ си ку́пите и два́ парфю́ма, ще Ви подаря́
アコ　　スィクピテ　　イドゥヴァ　　パルフュマ　　　シテヴィポダリャ

две́ магни́тчета.
ドゥヴェ　マグニッチェタ

Петър **Добре́. Ще взе́ма и два́та парфю́ма.**
ドブレ　　　シテヴゼマ　イドゥヴァタ　　パルフュマ

女性店員　こんにちは。どうぞいらっしゃい。
うちにはとてもたくさんの種類のローズオイル
製品がありますよ。

ペタル　　ハンドクリーム２つと石鹸３つお願いします。
いくらですか？

女性店員　15レフ20ストティンカです。もし香水も２つ
買うなら、マグネットを２つプレゼントしますよ。

ペタル　　分かりました。その香水も２つ買います。

Ѝмаме нáй-разли́чни продýкти с рóзово маслó.	うちにはとてもたくさんの種類のローズオイル製品があります。

　нáй-разли́чни は、разли́чен「異なる、さまざまな」の最上級です（☞8課）。この場合の最上級は、「とても〜」のように程度が極めて高いことを示す絶対最上級です。рóзово маслó「ローズオイル」はブルガリアの名産品です。

Двá крéма за ръцé и три́ сапýна, акó оби́чате.	ハンドクリーム2つと石鹸3つお願いします。

　крéма と сапýна は、それぞれ男性名詞 крéм「クリーム」と сапýн「石鹸」の個数形です（☞この課のポイント）。ръцé は女性名詞 ръкá「手、腕」の不規則な複数形です。акó оби́чате は、英語の if you please にあたる表現で、「もしよければ」という意味です。何かをお願いするときに表現をやわらげ、丁寧な言い方にすることができます。これは、мóля でも言い換えが可能です。

Кóлко стрýват?	いくらですか？

　値段を訪ねる場合は、Кóлко стрýва? を使います。ここでは複数のものが念頭に置かれているので、動詞が3人称複数形の стрýват になっています。

Петнáйсет лéва и двáйсет стоти́нки.	15レフ20ストティンカです。

　лéва は、ブルガリアの通貨単位 лéв「レフ」の個数形です。一方、стоти́нки は、補助通貨単位 стоти́нка「ストティンカ」の複数形です（1レフ= 100 ストティンカ）。

Акó си кýпите и двá парфю́ма, ще Ви подаря́ двé магни́тчета.	香水も2つ買うなら、マグネットを2つプレゼントします。

　акó は、「もし〜なら」を意味する接続詞です。кýпя, -иш は「買う」を意味する動詞ですが、「自分のために」買うのであれば、再帰代名詞与格短形の си を必ず入れます（☞ p.68）。и は、名詞の前に置いて「〜も」を表します。магни́тчета は、中性名詞 магни́тче「（小さな）マグネット」の複数形です。中性名詞ですから、2にあたる基数詞は、двé という形をとります（☞この課のポイント）。ちなみに、магни́т の語末にある -че は男性名詞に付けて指小形を作る接尾辞です。

Ще взéма и двáта парфю́ма.	その香水も2つ買います。

　взéма,-еш は「取る」の意味ですが、転じて、「買う」の意味でも使います。двáта は、基数詞 двá の後置冠詞形です（☞この課のポイント）。

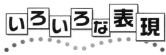

◆買い物の表現

値段を尋ねるには、**Кóлко стрýва?**「いくらですか？」を使います。指し示すもの
が複数なら стрýват を使います。

Извинéте, товá кóлко стрýва? すみません、これはいくらですか？
Кóлко стрýва едѝн билéт? チケット１枚いくらですか？
Кóлко стрýва стó грáма óвче сѝрене? 羊乳シレネ100グラムはいくらですか？
＊ грáм グラム（＞個数形 грáма）、óвчи,-а,-е,-и 羊の
Кóлко стрýват трѝ парчéта пѝца? ピザ３切れでいくらですか？
＊ парчé（＞複数形 парчéта）一切れ、一かけら

スーパーなどの商店では、持ち帰り用のレジ袋は大抵の場合、有料です。レジ係は聞
いてくれないので、必要なら次のように伝えましょう。

Еднá торбѝчка, мóля. 袋を１枚お願いします。

♪買い物に関わる語彙

кáса レジ、кáсова белéжка レシート、кóшница 買い物かご、колѝчка 買い物カー
ト、торбѝчка 買 い 物 袋、парѝ お 金、крéдитна кáрта ク レ ジ ッ ト カ ー ド、
банкомáт ATM、рéсто お 釣 り、ценá 値 段、намалéние / отстъ́пка 値 引 き、
（денонóщен）магазѝн（24 時間営業）商店、пазáр 市場、сýпермáркет スーパー、
бýдка 売店、аптéка 薬局、éвро ユーロ

◆年齢の表現

年齢を表す場合は、**на ＋基数詞＋ годѝни*** を使って次のように言います。
＊ただし、１歳に限り単数形の годѝна を使います。

На кóлко сте годѝни? （あなたは）何歳ですか？
＊親しい人なら、сте を си に変えます。
(Áз съм) на двáйсет и еднá годѝни. （私は）21歳です。
На трѝйсет и двé годѝни съм. （私は）32歳です。

♪補足（基数詞 30 〜 90）

трѝйсет 30, четирѝйсет 40, петдесéт 50, шейсéт 60, седемдесéт 70,
осемдесéт 80, деветдесéт 90

●数詞① （基数詞）

1	男 еди́н, 女 една́, 中 едно́ エディン　エドナ　エドノ	11	едина́йсет　エディナイセット
2	男 два́, 女・中 две́ ドゥヴァ　　　ドゥヴェ	12	двана́йсет　ドゥヴァナイセット
3	три́　トリ	13	трина́йсет　トリナイセット
4	че́тири　チェティリ	14	четирина́йсет　チェティリナイセット
5	пе́т　ペット	15	петна́йсет　ペトナイセット
6	ше́ст　シェスト	16	шестна́йсет　シェストナイセット
7	се́дем　セデム	17	седемна́йсет　セデムナイセット
8	о́сем　オセム	18	осемна́йсет　オセムナイセット
9	де́вет　デーヴェット	19	деветна́йсет　デヴェトナイセット
10	де́сет　デーセット	20	два́йсет　ドゥヴァイセット
100	сто́　スト	1000	хиля́да　ヒリャダ

- 1と2を表す基数詞は、結合する名詞の性によって異なる形を持ちます。1には男・女・中性の3つの形が、2には男性と女・中性の2つの形があります。
  （男性名詞）**еди́н** сто́л / **два́** сто́ла*　1脚の／2脚の椅子　＊個数形（次項目参照）
  （女性名詞）**една́** кни́га / **две́** кни́ги　1冊の／2冊の本
  （中性名詞）**едно́** писмо́ / **две́** писма́　1通の／2通の手紙
- 基数詞を組み合わせる場合（合成数詞）、最後の数詞の前に и を入れます。
  25 – два́йсет и пе́т、127 – сто два́йсет и се́дем
- 1の後置冠詞形は еди́н**ият**/**-ия**、една́**та**、едно́**то**、2は два́**та**、две́**те**、3は три́**те**
  です。4以降はアクセントを伴う -те́ を付すことで規則的に後置冠詞形を作ることができます。1000 は хиля́да**та** です。

●名詞の個数形

　男性名詞（人間以外を表す場合）は、基数詞（1を除く）、ко́лко「いくつ」、ня́колко「いくつか」と結び付くとき、**-а**（-й で終わる名詞は **-я**）の語尾の個数形になります。
　гра́д – два́ гра́д**а** 2つの町、музе́й – два́ музе́**я** 2つの博物館

- 合成数詞なら еди́н の後でも個数形になります。два́йсет и еди́н ле́в**а** 21 レフ
- 例外は пъ́т「回」で、複数形の пъ́ти を使います。このほか、де́н「日」は個数形 де́на 以外に複数形 дни́ も使えます。

ダイアローグで学んでみよう

петдесе́т и три́

何名様でしょうか？

Колко души сте?

Кенджи	**Добър вечер. Имате ли свободни маси?** ドバル ヴェチェル イマテリ スヴォボドニ マスィ
Сервитьорка	**Колко души сте?** コルコ ドゥシステ
	Харесва ли ви тази маса до вратата? ハレスヴァリヴィ タズィ マサ ドヴラタタ
Кенджи	**Петима сме. Май онази до прозореца** ペティマスメ マイ オナズィ ドブロゾレッツァ
	ни харесва повече. ニハレスヴァ ポヴェチェ
Сервитьорка	**Добре. А в колко часа ще пристигнат** ドブレ アフコルコ チャサ シテプリスティグナット
	останалите трима? オスタナリテ トリマ
Кенджи	**В осем и половина.** フオセム イポロヴィナ

ケンジ	こんばんは。空席はありますか？
ウェイトレス	何名様でしょうか？　ドアのそばのこちらのテーブルはいかがですか？
ケンジ	5名です。あちらの窓側の席の方がいいかな。
ウェイトレス	かしこまりました。残りの3名様は何時に到着されますか？
ケンジ	8時半です。

| **Ко́лко ду́ши сте?** | （あなた方は）何名様でしょうか？ |

ко́лко ду́ши で「何人」を意味します。**ко́лко**「いくつ」の後は、人間以外の男性名詞を除き、普通は複数形になりますが、**чове́к**「人」の場合だけ特別な個数形 **ду́ши** を用います。一緒に用いられている **съм** 動詞の形が **сте** であることから、主語は **ви́е**「あなた方」であることが分かります。

| **Харе́сва ли ви та́зи ма́са до врата́та?** | ドアのそばのこちらのテーブルはいかがですか？ |

харе́сва は、「〜は気に入っている」を意味し、このとき意味上の主語（気に入っている主体）は人称代名詞の与格短形（ここでは **ви**）で現れます（☞いろいろな表現）。ゆえに、**Харе́сва ли ви...?** で、「あなた方は〜を気に入りますか？」という意味になります。**та́зи ма́са** は、「このテーブル」を意味し、さらに後ろから **до врата́та**「ドアの横の」という前置詞句が修飾しています。

| **Пети́ма сме.** | （私たちは）5名です。 |

пети́ма は、基数詞 **пет**「5」の男性人間形です（☞この課のポイント）。ここでは、この後に「〜人」を意味する **ду́ши** が省略されています。

| **Ма́й она́зи до прозо́реца ни харе́сва по́вече.** | あちらの窓側の席の方がいいかな。 |

ма́й は、話し手の推定や不確信な気持ちを表して「たぶん、…かな」を意味する助詞です。**она́зи** は、指示代名詞 **о́нзи**「あの」の女性形です。文脈から明白なため、女性名詞 **ма́са**「テーブル」は省略されています。**по́вече** は、**мно́го** の比較級で（☞8課）、ここでは副詞として「もっと、より多く」を意味します。**прозо́реца** は、**прозо́рец**「窓」の後置冠詞形（斜格）です。

| **В ко́лко часа́ ще присти́гнат оста́налите три́ма?** | 残りの3名様は何時に到着されますか？ |

В ко́лко часа́ で、「何時に」を意味します。このとき **часа́** は [часъ́] と発音します。**присти́гнат**（<**присти́гна, -еш**「到着する」）が3人称複数形であるのは、後ろにある **оста́налите три́ма**「残りの3人」が主語だからです。**оста́нал** は、形容詞的に用いられて「残りの…」を意味します。ここでは、複数の後置冠詞形になっています。**три́ма** は、基数詞 **три**「3」の男性人間形です。

◆時刻と時間の表現

時刻を尋ねるときは、次のように言います。

> Ко́лко е часъ́т?　何時ですか？
> (Часъ́т е)*ше́ст и двана́йсет.　6時12分です。
> 　　　　　　ше́ст и полови́на.　6時半です。
> 　　　　　　ше́ст без** че́твърт.　6時15分前（5時45分）です。
> 　　　*（ ）内は普通言いません。　**〜分前は、前置詞 без を使います。

ча́с 時、　мину́та 分、　полови́на 30分（＝半分）、　че́твърт 15分（＝4分の1）

そのほか、時刻や時間に関わる表現に次のようなものがあります。

> 何時に？　В ко́лко часа́?　— 1時に。　В еди́н (часа́).
> 　　　　　　　　　　　　　　　2時20分に。В два́ (часа́) и два́йсет (мину́ти).
> 何時から？　От ко́лко часа́?　／　何時まで？ До ко́лко часа́?
> 何時間？　Ко́лко часа́?　— 1時間。　(Еди́н) час.
> 　　　　　　　　　　　　　　　約10時間。О́коло де́сет (часа́).　*о́коло 約

◆「気に入っている」の表現

> харе́сва ＋ 人称代名詞与格短形（＝意味上の主語）で、「〜は気に入っている」を表します。意味上の主語（気に入っている主体）は与格短形で表されます。気に入っている対象にあたる名詞が複数形の場合は、動詞を3人称複数形 харе́сват にします。

> Харе́сва ми то́зи фи́лм.　私はこの映画を気に入っています。
> Харе́сват ми те́зи фи́лми.　私はこれらの映画を気に入っています。
> Мно́го ни харе́сва италиа́нската ку́хня.
> 　　　　　　　私たちはイタリア料理をとても気に入っています。

意味上の主語を具体的な名詞（人名など）で表すことも可能ですが、その場合は名詞（与格標示の前置詞 на を伴います）と性・数で一致した与格短形を重複して使用しなくてはなりません。*на Ке́нджи = му*

> На Ке́нджи **му** харе́сва то́зи фи́лм.　ケンジはこの映画を気に入っています。

●数詞② （男性人間形）

基数詞の 2 ～ 6 に限り、**人間を表す男性名詞**と結び付く男性人間形があります。基数詞に **-(й)ма** を付けることで作られます。後置冠詞形は **-та** です。

	基数詞	男性人間形	後置冠詞形
2	два́	два́ма　ドゥヴァマ	два́мата　ドゥヴァマタ
3	три́	три́ма　トリマ	три́мата　トリマタ
4	че́тири	четири́ма　チェティリマ	четири́мата　チェティリマタ
5	пе́т	пети́ма　ペティマ	пети́мата　ペティマタ
6	ше́ст	шести́ма　シェスティマ	шести́мата　シェスティマタ

- 男性人間形の数詞と結合する男性名詞は**複数形**になります（人間以外の男性名詞は、基数詞と結び付くと個数形になります☞ 10 課）。ただし、чове́к「人」は、複数形 хо́ра ではなく、特別な個数形 **ду́ши** を使います。この ду́ши はよく省略されます。
  два́ма прия́тел**и** 2 人の友達、два́ма (**ду́ши**) 2 人
- 一方、女性名詞や中性名詞と用いられるのは、普通の基数詞です。
  две́ прия́телки　2 人の女友達　／　**три́** момче́та　3 人の男の子

●指示代名詞

物や事を指し示して「この」「あの」を意味する指示代名詞があります。

	男性	女性	中性	複数
この	то́зи トズィ	та́зи タズィ	това́ トヴァ	те́зи テズィ
あの	о́нзи オンズィ	она́зи オナズィ	онова́ オノヴァ	оне́зи オネズィ

- 関係する名詞の性・数に合わせて変化します。**то́зи** сто́л, **та́зи** ма́са…
- 特に話し言葉において、то́я, о́ня など別形が用いられることがあります（☞ p.108）。
- 後置冠詞を持つ名詞句とは、一緒に使えません。
- 数詞や形容詞と共に用いる場合、これらよりも前に置かれます。
  те́зи две́ голе́ми ма́си　これら 2 つの大きなテーブル
- **това́** は、съм 動詞と共に用いて、「これ／これらは～です」のように、人や物を紹介するのに使えます。この用法では、това́ は不変化です（ただし、съм 動詞は後ろにくる名詞に合わせて変化します）。
  Това́ е ма́са. これはテーブルです。
  Това́ са Миле́на и Пе́тър. こちらはミレナとペタルです。

Диалог
12.

私たちに１杯ずつラキヤをください。

Дáйте ни по еднá чáша ракúя, мóля.

Сервитьорка	**Желáете ли нéщо за пúене?**
	ジェラエテリ　　ネシト　　　ザピエネ

Кенджи	**Дá, дáйте ни по еднá чáша ракúя, мóля.**
	ダ　ダイテニ　　　ポエド**ナ**　**チ**ャシャ　ラキヤ　　モリャ

Сервитьорка	**Вúжте менюто и изберéте коя úскате.**
	ヴィシテ　　メニュト　　イイズ**ベ**レテ　コ**ヤ**　**イ**スカテ

Кенджи	**Добрé, грóздова. Донесéте и еднá бутúлка водá.**
	ド**ブ**レ　　　グロズ**ド**ヴァ　　ド**ネ**セテ　　イエド**ナ**　ブ**ティ**ルカ　**ヴォ**ダ

	Óще не взéмайте менюто, акó обúчате.
	オシテ　　　ネヴ**ゼ**マイテ　　メニュト　　ア**コ**オ**ビ**チャテ

Сервитьорка	**Добрé. Повúкайте ме, акó úма нéщо дрýго.**
	ド**ブ**レ　　　ポ**ヴィ**カイテメ　　　ア**コ**　**イ**マ　ネシト　ドゥ**ルー**ゴ

ウェイトレス	何か飲み物はお望みですか？
ケンジ	はい、私たちに１杯ずつラキヤをください。
ウェイトレス	メニューをご覧になって、どのラキヤをお望みか選んでください。
ケンジ	分かりました、ブドウの（ラキヤ）で。水も１瓶持ってきてください。
	まだメニューは持って行かないでください。
ウェイトレス	承知しました。ほかに何かあれば、私を呼んでください。

Жела́ете ли не́що за пи́ене?	何かお飲み物はお望みですか？

жела́я, -еш〔不完〕は、「希望する」を意味します。не́що は物を指す不定代名詞で「何か」です。не́що за пи́ене で「何か飲み物」になります。

Да́йте ни по една́ ча́ша раки́я, мо́ля.	私たちに１杯ずつ ラキヤをください。

да́йте は、да́м, -де́ш〔完〕「与える」の命令法2人称複数形です（☞この課のポイント）。複数形は、相手が一人であっても、丁寧に依頼・命令する場合に使われます。ни「私たちに」は、1人称複数の与格短形ですから、Да́йте ни... で「私たちに〜をください」となります。動詞の命令形に мо́ля「お願いします」を添えることで、丁寧な言い方にすることができます。

раки́я「ラキヤ」は、ブドウやスモモなどの果実から作る蒸留酒で、特に食前酒として好んで飲まれます。ча́ша は、飲み物を入れる容器を広く指して使う語で、「コップ」や「ワイングラス」のほか、「ショットグラス」にもなります。また、前置詞 по は、分配の意味で「ずつ」を表しますから、по една́ ча́ша раки́я で、「ラキヤ1杯ずつ」となります。

Ви́жте меню́то и избере́те коя́ и́скате.	メニューをご覧になって、どのラキヤをお望みかお選びください。

ви́жте は、ви́дя, -иш〔完〕「見る」の不規則な命令法2人称複数形です。избере́те は、избера́, -е́ш〔完〕「選ぶ」の命令法2人称複数形です。

коя́ は、疑問詞 ко́й「どの」の女性形です。ко́й には、「誰が」の意味もありますが（☞2課）、名詞と共に用いられて「どの」の意味でも用いることができます（cf. p.110）。ここでは、女性名詞 раки́я にかかって коя́ раки́я「どのラキヤ」の意味ですが、文脈から明白であるため раки́я は省略されています。

О́ще не взе́майте меню́то, ако́ оби́чате.	まだメニューは持って行かないでください。

взе́майте は、взе́мам〔不完〕「取る」の命令法2人称複数形です。не を伴い、не взе́майте で「取らないでください」と否定命令になっています。

Пови́кайте ме, ако́ и́ма не́що дру́го.	ほかに何かあれば、私を呼んでください。

пови́кайте は、пови́кам〔完〕「呼ぶ」の命令法2人称複数形です。ако́ は「もし〜ならば」を意味する接続詞で、и́ма は存在を表す無人称動詞「ある」です。дру́г「ほかの」は、не́що に合わせて、中性形 дру́го になっています。не́що に形容詞等がかかるときは、後ろに置かれます。

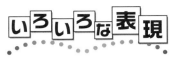

◆レストラン・カフェで使える表現

ウェイターがいるレストランやカフェで食事をしたら、お会計は頼んで持ってきてもらいます。смéтка「お会計」を使って、次のように言いましょう。

> Смéтката, акó обичате.　お会計をお願いします。
> Мóля, донесéте ми смéтката.　お会計を私に持ってきてください。

すると、ウェイターは、В брóй или с кáрта?「現金ですか、それともカードですか?」と聞いてくるでしょう。義務ではありませんが、気持ちよくサービスしてくれたなら、支払金額の1割程度のбакшиш「チップ」も置いてあげましょう。

また、ファストフード店やセルフサービスのカフェでは、その場での飲食はза тýк、持ち帰りはза вкъщи と言います。

◆体の使い分け（現在・未来）

既習の現在形と未来形の完了体・不完了体の使い分けについて確認します。

①現在形　―　主に不完了体から作られる。

不完了体動詞は、発話時点に進行中の動作や状態のほか、動作の反復や習慣も表すことができます。

> Каквó прáвиш сегá?　今、何をしているの?＜прáвя, -иш〔不完〕する

完了体動詞が用いられることがあるのは、да 構文のほか、когáто「～するとき」やакó「もし～」などの接続詞に導かれる従属節内に限られます。この場合は普通、具体的な1回の動作が意図されます。

> Кажи ми, когáто полýчиш писмóто.　その手紙を受け取ったら、教えてください。
> ＜полýча, -иш〔完〕受け取る　　　　　　　　＊кáжа, -еш〔完〕言う

②未来形　―　主に完了体から作られる。

完了体動詞を使うことで、具体的な1回の動作が未来で完了することを表します。

> Ще ви донесá менюто.　メニューをお持ちします。＜донесá, -еш〔完〕持ってくる

ただし、未来における動作の反復や習慣を表したり、完了するか否かに関わらず単に未来に行われる動作を表したりする場合などには、不完了体動詞を用います。

> Всéки дéн ще стáвам в 7 часá.　毎日7時に起きることにします。
> cf. Ýтре ще стáна в 7 часá.　明日、7時に起きます。（стáвам〔不完〕/ стáна -еш〔完〕起きる）
> Каквó ще прáвиш ýтре?　明日何をしますか? ― Ще четá вкъщи.　家で読書します。

●動詞の体 (アスペクト)

　動詞の体 (アスペクト) は、動詞によって表される動作の内的な展開を話者がどのように捉えるかを表します。捉え方の違いは動詞の形にはっきりと表れ、ほとんどの動詞が**完了体**か**不完了体**のどちらかに分けられます。

〔完〕動作を全体として捉え、動作の完了や結果にしばしば焦点が置かれる。
〔不完〕動作を過程として捉える。動作の完了や結果は普通、明示しない。

　また、同じ意味を持つ動詞は完了体と不完了体でペアを成し、多くの動詞でこのような**体のペア**が存在します。なお、辞書の見出し語になるのは不完了体の方です。
взёма〔完〕— взёмам〔不完〕「取る」
以後、新出の動詞は、〔完〕〔不完〕で、どちらの体であるかを示します。

●命令法

　2人称 (ти や вие) に対する動詞の命令形の作り方を学びます。現在1人称単数形の語尾 (-a, -я, -м) を取った後の形が、①**子音**で終わるか、②**母音**で終わるかによって、異なる命令形語尾をとります。

現在1人称単数形	命令形語尾		アクセントの位置
	単数 (ти に対して)	複数／丁寧形 (вие に対して)	
①子音	**-й**	**-éте**	語尾
избера́ イズベラ 選ぶ донеса́ ドネサ 持ってくる	избери́ イズベリ донеси́ ドネスィ	изберéте イズベレテ донесéте ドネセテ	
②母音	**-й**	**-йте**	語幹
пови́кам ポヴィカム 呼ぶ взёмам ヴゼマム 取る	пови́кай ポヴィカイ взёмай ヴゼマイ	пови́кайте ポヴィカイテ взёмайте ヴゼマイテ	
例外	**—**	**-те**	
ви́дя ヴィディャ 見る до́йда ドイダ 来る	ви́ж ヴィシ ела́ エラ	ви́жте ヴィシテ ела́те エラテ	

- ①の場合はアクセントが必ず語尾に置かれます。взёма〔完〕→ вземи́, вземéте
- 肯定命令 (〜しろ) は、普通、完了体動詞から作ります (cf. p.123)。
- 否定命令 (〜するな) は、命令形の動詞の前に не を置いて作ります。ただし、否定命令は<u>不完了体動詞からしか作ることができません。</u>
　Не взёмайте! 取らないでください。(< взёмам〔不完〕)

昨日はどこにいたの？

Къде́ бе́ше вче́ра?

Track
45

Петър **Къде́ бе́ше вче́ра? Опи́тах се да те наме́ря**
            カデ   ベシェ   フ**チェ**ラ   オ**ピ**タフセ   ダテナ**メ**リャ

        в университе́та.
        フ二ヴェルスィ**テ**タ

Юри **Бя́х на ки́но за́едно с Ке́нджи**
      ビャフ   ナ**キ**ノ   **ザ**エドノ   ス**ケ**ンジ

        и гле́дахме но́в фре́нски фи́лм.
        イ**グレ**ダフメ   ノフ   フ**レ**ンスキ   **フィ**ルム

Петър **Бе́ше ли интере́сен фи́лмът? Харе́са ли ви?**
        ベシェリ   イン**テレ**セン   **フィ**ルマット   ハ**レ**サリヴィ

Юри **Да́, харе́са ни мно́го. След това́ вече́ряхме**
     ダ   ハ**レ**サニ   ム**ノ**ゴ   スレット**ヴァ**   ヴェ**チェ**リャフメ

        в еди́н гръ́цки рестора́нт и опи́тахме гръ́цка
        フェ**ディ**ン   **グラ**ッキ   レスト**ラ**ント   イオ**ピ**タフメ   **グラ**ッカ

        мусака́ и у́зо. Преќа́рахме страхо́тно.
        ム**サ**カ   イ**ウ**ゾ   プレ**カ**ラフメ   ストラ**ホ**トノ

ペタル 昨日はどこにいたの？　大学で君を見つけようとしたのだけど。
ユリ ケンジと一緒に映画に行って、新しいフランス映画を観たの。
ペタル その映画は面白かったかい？　気に入った？
ユリ うん、とても気に入ったよ。その後、ギリシャ料理店で夕食をとって、
　　　 ギリシャ風ムサカ*とウーゾ**を試してみたの。最高に楽しかったよ。

*ムサカ：ひき肉やジャガイモなどを層状にしてオーブンで焼いた料理。
＊＊ウーゾ：アニスで香り付けした蒸留酒。

| Къдé бéше вчéра? | 昨日、（君は）どこにいたの？ |

къдé は、「どこ」を表す疑問詞です。**бéше** は、**съм** 動詞の過去形です（☞この課のポイント）。2人称単数形と3人称単数形が同形ですので、どちらの可能性もありますが、文脈から2人称単数形として使われていることが分かります。

| Опи́тах се да те намéря в университéта. | 大学で君を見つけようとした。 |

опи́тах се は、第三変化動詞 **опи́там се**〔完〕「試みる」の完了過去1人称単数形です（☞この課のポイント）。**да** 構文を伴って、「〜することを（私は）試みた」となります。**те** は、2人称単数の対格短形で「君を」を意味し、**намéря, -иш**〔完〕「見つける」の直接目的語になっています。

| Бя́х на ки́но зáедно с Кéнджи. | ケンジと一緒に映画を観に行った。 |

бя́х は、**съм** 動詞の過去形で1人称単数形です。現在形の **съм** と異なりアクセントを持ち、文頭に立つこともできます。前置詞 **на** は無冠詞の名詞である **ки́но**「映画館」と結合して、映画館で"映画を観た"ことを表します（☞いろいろな表現）。

| Бéше ли интерéсен фи́лмът? | その映画は面白かったかい？ |

ここでは **бéше** は3人称単数形です。また、**съм** 動詞の過去形は **ли** をその後ろに置くだけで疑問形が作れます。**интерéсен** は「面白い」を意味します。

| Харéса ли ви? | あなたたちは気に入った？ |

харéса は、**харéсам**〔完〕「気に入る」の完了過去3人称単数形で、「気に入った」となります。意味上の主語（＝気に入った主体）は、2人称複数の与格短形 **ви** で表されています（cf. p.56）。

| След товá вечéряхме в еди́н гръцки рестора́нт. | その後、（私たちは）ギリシャ料理店で夕食をとった。 |

след は「〜の後」を意味する前置詞なので、**след товá** で「その後」です。

| Прека́рахме страхóтно. | （私たちは）最高に楽しく過ごした。 |

прека́рахме は、**прека́рам**〔完〕「過ごす」の完了過去1人称複数形です。副詞 **страхóтно** は、話し言葉では「最高に」の意味でよく使います。

ダイアローグで学んでみよう

◆**場所や方向を表す表現**

　場所や方向を表すためにはさまざまな前置詞が用いられます。**в** と **на** は、後置冠詞形の名詞や固有名詞などと結び付いて、具体的な場所（**в** は「〜の中に」、**на** は「〜の上に」）や方向「〜へ」を表します。名詞ごとにどちらの前置詞と結合するかが大体決まっていますから、覚えなくてはなりません。

> **в** — 建物や何らかの境界内（都市、国など）を表す名詞
>
> Отѝвам в университéта / във* Велѝко Тѝрново / в Япóния.
> 大学へ／ヴェリコ・タルノヴォへ／日本へ　行く。
>
> ＊ **в** は、後続する名詞が **в** か **ф** で始まるとき、**във** という形になります。
>
> **на** — 開かれた空間やイベントなどを表す名詞
>
> Отѝвам на ýлица „Вáзов" / на гóрния етáж / на фестивáла.
> ヴァゾフ通りへ／上階へ／お祭りへ　行く。

　また、前置詞 **на** は、**無冠詞**の名詞と結び付いて、ある場所へ「〜しに行く」という具合に、**目的**を表すこともできます。

> Отѝвам <u>на кѝно</u>.（映画館へ）映画を見に行く。

　ほかにも、例えば Отѝвам на пазáр / на теáтър / на морé / на лéкар... などは、「市場へ買い物に行く／劇場へ劇を見に行く／海へ海水浴に行く／医者の所へ診察を受けに行く」という意味を表します。

　このほか、特定の人を表す名詞の場合は при「〜のもとで／へ」を使います。また、前置詞 у も、у (домá) で「〜の家で／へ」の意味で使います。

> Чéсто хóдя при сестрá си. （自分の）姉／妹のもとへ頻繁に行く。
> Елáте у домá. （私たちの）家へおいでください。
>
> ＊ елáте は、ѝдвам〔不完〕/ дóйда, -еш〔完〕「来る」の命令形です（☞ 12 課）。

　加えて、方向を表す前置詞として за「〜（の方）へ、〜に向けて」もありますが、трѝгвам〔不完〕/ трѝгна, -еш〔完〕「出発する」や заминáвам〔不完〕/ замѝна, -еш〔完〕「（遠方へ）出発する」との組み合わせでよく使われます。

> Ýтре заминáвам за Москвá. 明日、モスクワへ出発します。

＊確定した近接未来は、不完了体動詞の現在形で表すことができます。

この課の
ポイント

●過去時制

　過去に起きた事態や動作を表す時制のうち、動詞の語尾変化によって表されるものには、**完了過去**と**未完了過去**があります。おおむね、完了過去は「〜した」、未完了過去は「〜していた」にあたります。

●完了過去（直説法）

　完了過去は、過去のある時点で終了した動作を表します。完了体動詞から作られることが多いですが、不完了体動詞からも作られます。また、<u>完了過去語尾は全ての動詞に共通</u>ですが、語尾直前に添えられる母音はさまざまです。本書では、語尾と直前の母音の組み合わせを基にして、タイプ分類を行います。

◆第三変化動詞の完了過去形（-ax, -ях タイプ）

　現在1人称単数形から語尾 -m を取り除いた部分に、完了過去語尾を付けるだけで形成することができます。第三変化動詞（a 変化）には、-ax, -ях タイプが見られます。完了過去2人称・3人称単数形は、語尾なし（ゼロ語尾）なので、現在3人称単数形と同じ形になってしまいます。現在形か完了過去形かは文脈で判断します。

<table>
<tr><td colspan="2"></td><td>опи́там オピタム 試す</td><td>вече́рям ヴェチェリャム 夕食をとる</td><td>完了過去語尾</td></tr>
<tr><td rowspan="3">単数</td><td>1 人称</td><td>опи́та<u>х</u> オピタフ</td><td>вече́ря<u>х</u> ヴェチェリャフ</td><td>-х</td></tr>
<tr><td>2 人称</td><td>опи́та オピタ</td><td>вече́ря ヴェチェリャ</td><td>——</td></tr>
<tr><td>3 人称</td><td>опи́та オピタ</td><td>вече́ря ヴェチェリャ</td><td>——</td></tr>
<tr><td rowspan="3">複数</td><td>1 人称</td><td>опи́та<u>хме</u> オピタフメ</td><td>вече́ря<u>хме</u> ヴェチェリャフメ</td><td>-хме</td></tr>
<tr><td>2 人称</td><td>опи́та<u>хте</u> オピタフテ</td><td>вече́ря<u>хте</u> ヴェチェリャフテ</td><td>-хте</td></tr>
<tr><td>3 人称</td><td>опи́та<u>ха</u> オピタハ</td><td>вече́ря<u>ха</u> ヴェチェリャハ</td><td>-ха</td></tr>
</table>

● съм 動詞の過去形

　съм 動詞の過去形は次の形を覚えるだけで結構です。現在形と異なり、過去形はアクセントを持つので、文頭にも立てます。

<table>
<tr><td></td><td>単数</td><td>複数</td></tr>
<tr><td>1 人称</td><td>бя́х　ビャフ</td><td>бя́хме　ビャフメ</td></tr>
<tr><td>2 人称</td><td>бе́ше　ベシェ</td><td>бя́хте　ビャフテ</td></tr>
<tr><td>3 人称</td><td>бе́ше　ベシェ</td><td>бя́ха　ビャハ</td></tr>
</table>

どうして僕にも
電話してくれなかったの？

Защо́ не се́ оба́ди и на ме́не?

Track
47

| Милена | **Сно́щи хо́дихме с Биля́на на го́сти у Пе́тър.** |
| | スノシティ　ホディフメ　ズビリャナ　ナゴスティ　ウペタル |

| Кенджи | **Защо́ не се́ оба́ди и на ме́не?** |
| | ザシト　ネセ　オバディ　イナメネ |

| Милена | **Защо́то те видя́х с Ю́ри в гръ́цкия рестора́нт** |
| | ザシトトテ　ヴィデャフ　スユリ　ヴグラッキヤ　レストラント |

на Ви́тошка преди́ да оти́дем при не́го.
ナヴィトシカ　プレディ　ダオティデム　プリネゴ

| Кенджи | **О́, да́. Чу́хме се по телефо́на с не́я и реши́хме** |
| | オ　ダ　チュフメセ　ポテレフォナ　スネヤ　イレシフメ |

да вече́ряме та́м. По чу́до успя́хме да вле́зем
ダヴェチェリャメ　タム　ポチュド　ウスピャフメ　ダヴレゼム

без резерва́ция. Дори́ си взе́хме за вкъ́щи.
ベズレゼルヴァツィヤ　ドリスィ　ヴゼフメ　ザフカシティ

ミレナ	昨晩、ビリャナとペタルの家へ（お客として）遊びに行ったの。
ケンジ	どうして僕にも電話してくれなかったの？
ミレナ	私たちが彼の所へ行く前に、あなたがユリとヴィトシャ通りのギリシャ料理屋さんにいたのを見たから。
ケンジ	ああ、そうだ。彼女と電話で連絡を取って、そこで夕食を食べることに決めたんだ。奇跡的に予約なしで入ることができてね。（料理の）お持ち帰りもしちゃったよ。

| Сно́щи хо́дихме с Биля́на на го́сти у Пе́тър. | 昨晩、ビリャナとペタルの家へ（お客として）遊びに行ったの。 |

сно́щи は「昨晩」を意味する副詞です。**хо́дихме** は、**хо́дя, -иш**〔不完〕「行く」の完了過去1人称複数形です（☞この課のポイント）。**на го́сти** は、「お客に（行く）」を意味する決まった表現です。**у** は、場所を表す前置詞ですが、特に「〜の家に」というときに使います。

| Защо́ не се́ оба́ди и на ме́не? | どうして僕にも電話してくれなかったの？ |

защо́ は「なぜ」を意味する疑問詞です。**оба́ди се** は、**оба́дя,-иш се**〔完〕「電話する、応答する」の完了過去2人称単数形です。**на ме́не** は、人称代名詞与格長形の1人称単数で、「私に」を意味します（☞この課のポイント）。短形 **ми** でなく長形が用いられている理由は、直前に助詞 **и**「〜も」が使われ、「私にも」という具合に強調されているためです。短形ではこのような強調のニュアンスを出すことはできません。強調でなければ、短形を用いること自体は文法的にもちろん可能で、**не ми́ се оба́ди** となります。

| Защо́то те видя́х с Ю́ри в гръ́цкия рестора́нт ... преди́ да оти́дем при не́го. | 私たちが彼の所へ行く前に、あなたがユリと……ギリシャ料理屋さんにいたのを見たから。 |

видя́х は、**ви́дя, -иш**〔完〕「見る」の完了過去1人称単数形です。前置詞 **преди́**「〜の前」に **да** 構文をつなげた **преди́ да...** は、「…する前に」を意味する表現です。**при не́го** は、「彼の所」です。人称代名詞が前置詞と結び付く場合は対格長形を用います。なお、**не́го** が指すのは **Пе́тър** です。ヴィトシャ通りは、ソフィア中心部にある歩行者天国の目抜き通りです。**Ви́тошка** は愛称で、正式には **булева́рд Ви́тоша** と言います。

| По чу́до успя́хме да вле́зем без резерва́ция. | 奇跡的に予約なしで入ることができた。 |

по чу́до で「奇跡的に」を表します。**успя́хме** は、**успе́я, -еш**〔完〕の完了過去1人称複数形です。**успе́я да...** で「…する余裕がある、できる」を意味します。**вле́зем** は、**вля́за, -ле́зеш**〔完〕「入る」の現在1人称複数形です。過去の話であっても、**да** 構文はあくまでも「**да** ＋現在形」です。

| Дори́ си взе́хме за вкъ́щи. | （料理の）お持ち帰りもしちゃったよ。 |

дори́ は「〜さえ、〜も」です。**взе́хме** は、**взе́ма, -еш**〔完〕「取る」の完了過去1人称複数形です。**си** は、「自身のために」です（☞いろいろな表現）。

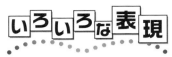

◆移動を表す表現

移動を表す動詞の中で、日本語で「行く」に相当する動詞はブルガリア語でいくつかありますので整理が必要です。特に基本的な動詞の使い分けを確認します。

① **отѝвам**〔不完〕 / **отѝда, -еш**〔完〕行く
目的地に向けた一方向で一回限りの移動を表します。

> Къдѐ отѝваш? – Отѝвам на рàбота. どこへ行くところ？／仕事へ行くところ。
> Ще отѝда тàм да хвàна таксѝ. そこへタクシーをつかまえに行きます。

② **хòдя, -иш**〔不完〕行く、行ってくる、通う、歩き回る
目的地に向けた移動を表しますが、必ずしも一回限りの移動ではなく、移動の反復も表します。一回の移動の場合は、普通、往復の移動が意図されます。

> Прѐз лятòто хòдих на морѐ. 夏に、海へ海水浴に行ってきました。
> Всѐки дèн хòдя на лèкции в университèта. 毎日、大学の講義に通います。
> Снòщи хòдихме по кръчми. 昨晩、あちこちの飲み屋を回りました。

③ **вървя̀, -ѝш**〔不完〕歩く、進む
移動のプロセス自体に焦点が置かれ、明確な目的地は普通示されません。

> Дя̀до ми вървѝ бàвно.   私の祖父はゆっくりと歩きます。
> Вървѐте по тàзи ỳлица.   この道に沿って進みなさい。

加えて、「来る」を意味する動詞は **ѝдвам**〔不完〕 / **дòйда, -еш**〔完〕で（体のペアは補充法による）、その特徴は①と同じですが、日本語の「行く」が、この動詞によって表されることがあります。それは、相手のいる場所に「行く」場合です。
例えば、ブルガリアに住んでいる友人に対しては、次のように言います。

> През товà ля̀то ще дòйда в Бългàрия.   今年の夏にブルガリアに行きます。

◆「自分のために」を表す表現

再帰代名詞の与格短形 **си** は、一部の動詞と結び付いて、「自分のために」という意味を付加します。特に、「取る」「買う」などの動詞を使うときは、自分のために（自分用に）得るのであれば、**си** を付けて表すのが自然です。

> Кỳпих си сладолèд. (私は)（自分のために）アイスを買った。
> Порѫчах си кафѐ. (私は)（自分のために）コーヒーを頼んだ。
> * порѫчам〔完〕注文する

この課の
ポイント

●第二変化動詞の完了過去形（-их タイプ、-ях タイプ）

第二変化動詞の完了過去1人称単数形は、大半が **-их** タイプです。ただし、現在1人称単数形で、語尾にアクセントがある自動詞（直接目的語をとらない動詞）は、**-ях** タイプです。

		хо́дя ホデャ 行く	стоя́ ストヤ 立っている	完了過去語尾
単数	1人称	хо́дих ホディフ	стоя́х ストヤフ	-х
	2人称	хо́ди ホディ	стоя́ ストヤ	—
	3人称	хо́ди ホディ	стоя́ ストヤ	—
複数	1人称	хо́дихме ホディフメ	стоя́хме ストヤフメ	-хме
	2人称	хо́дихте ホディフテ	стоя́хте ストヤフテ	-хте
	3人称	хо́диха ホディハ	стоя́ха ストヤハ	-ха

• 例外は ви́дя〔完〕「見る」виде́х, виде́... です。アクセント移動にも注意。

●第一変化動詞の完了過去形①（-х タイプ）

現在1人称単数形が「母音 + я」で終わる動詞の大半は、**-х** タイプです。基本的に、現在1人称単数形の語尾 -я を取り、そのまま完了過去語尾を付します。

		чу́я チュヤ 聞こえる	успе́я ウスペヤ ～する余裕がある	完了過去語尾
単数	1人称	чу́х チュフ	успя́х ウスピャフ	-х
	2人称	чу́ チュ	успя́ ウスピャ	—
	3人称	чу́ チュ	успя́ ウスピャ	—
複数	1人称	чу́хме チュフメ	успя́хме ウスピャフメ	-хме
	2人称	чу́хте チュフテ	успя́хте ウスピャフテ	-хте
	3人称	чу́ха チュハ	успя́ха ウスピャハ	-ха

• ただし、-ея で終わる語だけ、е → я に交替します（успе- → успя-）。
• このタイプの不規則な動詞として взе́ма〔完〕「取る」があります。взе́х, взе́...

●人称代名詞の長形

	1単	2単	3単 男・中	3単 女	1複	2複	3複
対格	ме́не* メネ	те́бе* テベ	не́го ネゴ	не́я ネヤ	нас ナス	вас ヴァス	тях テャフ
与格	на ме́не* ナ メネ	на те́бе* ナ テベ	на не́го ナ ネゴ	на не́я ナ ネヤ	на нас ナ ナス	на вас ナ ヴァス	на тях ナ テャフ

　＊1・2人称単数では、最後の母音 е が落ちた мен メン、теб テップもしばしば用いられます。
• 長形はアクセントを持ち、**強調**や**対比**を表すのに用いられます。
• 対格長形は、前置詞と組み合わせる場合にも使います。с не́я 彼女と共に

ダイアローグで学んでみよう

昨夜は、一晩中読んだり書いたりしたんだ。

Снощи чéтох и пúсах ця́ла но́щ.

Биляна　**Ке́нджи, изгле́ждаш измо́рен. Какво́ ста́ва с те́бе?**
　　　　　　ケンジ　　　イズグレジュダシ　イズモレン　　カクヴォ　スタヴァ　ステベ

Кенджи　**Сно́щи че́тох и пи́сах ця́ла но́щ, защо́то нали́**
　　　　　　スノシティ　チェトフ　イピサフ　　ツャラ　ノシト　　ザシトト　　ナリ

　　　　　　днес е кра́йният сро́к за ку́рсовите ра́боти.
　　　　　　ドゥネスエ　クライニヤット　スロク　　ザクルソヴィテ　　ラボティ

Биляна　**И а́з стоя́х до къ́сно, но не можа́х да приклю́ча.**
　　　　　　イアス　ストヤフ　ドカスノ　　　　ノネモジャフ　　　　ダブリクリュチャ

　　　　　　Профе́сорът ка́за, че мо́же и у́тре да му я донеса́.
　　　　　　プロフェソラット　カザ　　チェモジェ　　イウトレ　　ダムヤドネサ

Кенджи　**А́з я напи́сах към пе́т часа́, но тръ́гнах без фла́шка.**
　　　　　　アスヤ　ナピサフ　　カムペット　チャサ　　ノトラグナフ　　　ベスフラシカ

　　　　　　Звъ́ннах на Миле́на и тя́ведна́га ми я доне́се.
　　　　　　ズヴァンナフ　　ナミレナ　　　イテャ　ヴェドナガミヤ　　　ドネセ

　　　　　　Преди́ ма́лко я преда́дох.
　　　　　　プレディ　　マルコヤ　　プレダドフ

ビリャナ　ケンジ、疲れているようね。どうしたの？
ケンジ　　昨夜は、一晩中読んだり書いたりしたんだ。だって、今日は期末レポートの提出期限でしょ。
ビリャナ　私も遅くまで起きていたけれど、終えられなかった。
　　　　　教授は、明日に持っていくのでもいいと言ってくれたの。
ケンジ　　僕は5時頃に書き終えたのだけど、フラッシュメモリを持たずに出てしまったんだ。ミレナに電話したら、すぐにそれを持ってきてくれて、さっき提出したんだ。

| **Изгле́ждаш изморе́н.** | （君は）疲れているようね。 |

изгле́ждаш は、**изгле́ждам**〔不完〕「～のように見える」の現在2人称単数形です。ケンジが主語なので、**изморе́н**「疲れた」は男性単数形になっています。

| **Какво́ ста́ва с те́бе?** | （君に）何があったの？ |

Какво́ ста́ва с... は慣用表現で、「…に何があったの、どうしたの」です。

| **Сно́щи че́тох и пи́сах ця́ла но́щ.** | 昨夜は、一晩中読んだり書いたりしたんだ。 |

че́тох は **чета́, -е́ш**〔不完〕「読む」の、**пи́сах** は **пи́ша, -еш**〔不完〕「書く」の完了過去1人称単数形です（☞この課のポイント）。前者は **-ox** タイプ、後者は **-ax** タイプです。また、**ця́ла но́щ** で「一晩中」です（☞いろいろな表現）。

| **И а́з стоя́х до къ́сно, но не можа́х да приклю́ча.** | 私も遅くまで起きていたけど、終えられなかった。 |

стоя́х は **стоя́, -и́ш**〔不完〕「立っている、寝ない状態でいる」の、**можа́х** は **мо́га, -жеш**〔不完〕「できる」の完了過去1人称単数形です。後者は、語幹の子音交替（**г → ж**）とアクセント移動に注意が必要です。なお、**приклю́ча, -иш**〔完〕「終える」は、**да** 構文なので現在形になっています。

| **А́з я напи́сах към пе́т часа́.** | 僕は5時頃に書き終えた。 |

напи́сах は、**напи́ша, -еш**〔完〕「書き上げる」の完了過去1人称単数形です。動詞の変化の仕方は **пи́ша** と全く同じです。**към** は、元来「～の方へ」を意味しますが、時間や数量などを表す表現と用いる場合、「約、おおよそ」の意味で使います。**я** は **ку́рсова ра́бота**「期末レポート」を受けた対格短形です。

| **Звъ́ннах на Миле́на.** | （僕は）ミレナに電話した。 |

звъ́ннах は、**звъ́нна, -еш**〔完〕「電話する」の完了過去1人称単数形です。**звъ́нна на...** で「…に電話する」となります。

| **Преди́ ма́лко я преда́дох.** | さっき提出したんだ。 |

преда́дох は、**преда́м, -де́ш**〔完〕「提出する」の完了過去1人称単数形です。接頭辞 **пре-** が付いても、動詞の変化の仕方は **да́м**「与える」と同じです。

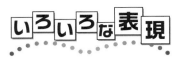

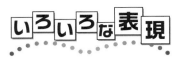

Track 50 ◆ цял を使った表現

цял は、「全体の、〜中」を表し、形容詞と同じように、修飾する名詞の性・数に従って変化するほか、形容詞と同じ後置冠詞形も持ちます（я/e の母音交替に注意）。

	無冠詞	後置冠詞形
男性	цял ツャル	це́лият ツェリヤット / це́лия ツェリヤ
女性	ця́ла ツャラ	ця́лата ツャラタ
中性	ця́ло ツャロ	ця́лото ツャロト
複数	це́ли ツェリ	це́лите ツェリテ

цял де́н 一日中、ця́ла но́щ 一晩中、ця́ло ля́то 一夏中

> Ще те оби́чам <u>цял</u> живо́т. 君を一生愛します。　＊ живо́т 人生、生活
> Спа́х през <u>це́лия</u> път. その道中ずっと眠った。(спя́, -иш〔不完〕→ 完過 спа́х)

◆**完了過去における体の使い分け**

完了過去は、完了体動詞から作られることが多いですが、不完了体動詞からも作ることができます。微妙なニュアンスの違いを確認しましょう。

●**完了体動詞**

過去のある時点で**具体的な動作が完了したこと**を伝えます。

> Профе́сорът <u>ка́за</u>, че... 教授は、…と言った。
> Преди́ ма́лко я <u>преда́дох</u>. さっきそれを提出した。

また、連続して用いると動作の順番を表します。

> <u>Звъ́ннах</u> на Миле́на и тя́ веднага ми я <u>доне́се</u>.
> ミレナに電話したら、彼女はすぐに持ってきてくれた。(電話した→持ってきた)

●**不完了体動詞**

過去に**動作が行われたという事実**を伝えます。動作が完了したかどうかは問題としません。

> Сно́щи <u>че́тох</u> и <u>пи́сах</u> до къ́сно. 昨晩、遅くまで読んだり書いたりした。
> И а́з <u>стоя́х</u> до къ́сно. 私も遅くまで起きていた。
> Какво́ <u>пра́вихте</u> вчера́? — <u>Игра́хме</u> хоро́ и <u>пи́хме</u> ви́но.
> 昨日、何をしたんですか？— ホロ（輪舞）を踊り、ワインを飲みました。
> ＊ игра́я, -еш〔不完〕「（ホロを）踊る」、пи́я, -еш〔不完〕「飲む」

●第一変化動詞の完了過去形② （-ax タイプ，-ox タイプ）

◆ -ox タイプ

現在1人称単数形が -та, -да, -са, -за, -ка で終わる第一変化動詞は **-ox** タイプです。

		четá チェタ 読む	донесá ドネサ 持ってくる	完了過去語尾
単数	1人称	чéтох チェトフ	донéсох ドネソフ	-х
	2人称	чéте チェテ	донéсе ドネセ	—
	3人称	чéте チェテ	донéсе ドネセ	—
複数	1人称	чéтохме チェトフメ	донéсохме ドネソフメ	-хме
	2人称	чéтохте チェトフテ	донéсохме ドネソフテ	-хте
	3人称	чéтоха チェトハ	донéсоха ドネソハ	-ха

- 2人称・3人称単数形では、語尾の前の母音 o が e になる点に注意が必要です。また、この e の前に限って、**я → е、к → ч** の交替が起こることがあります。
  излязa 〔完〕出る→ изл**я**зох, изл**é**зе… / пекá 〔不完〕焼く→ пé**к**ох, пé**ч**е…
- 現在1人称単数形で語尾にアクセントがある語は、完了過去形で1つ前の音節にアクセントが移動します。（現）четá → （完過）чéтох
- дáм 〔完〕「与える」と ям 〔不完〕「食べる」、およびこれらから派生した一連の動詞も -ox タイプの完了過去形を持ちます。дáдох, дáде…, ядох, яде…

◆ -ax タイプ

第一変化動詞で、-x タイプ（☞ p.69）にも、-ox タイプにも該当しないものは、基本的に **-ax** タイプです。特に多いのは、現在1人称単数形が -на で終わる語です。

		тръ́гна トラグナ 出発する	пиша ピシャ 書く	完了過去語尾
単数	1人称	трѝгнах トラグナフ	пи́сах ピサフ	-х
	2人称	трѝгна トラグナ	пи́са ピサ	—
	3人称	трѝгна トラグナ	пи́са ピサ	—
複数	1人称	трѝгнахме トラグナフメ	пи́сахме ピサフメ	-хме
	2人称	трѝгнахте トラグナフテ	пи́сахте ピサフテ	-хте
	3人称	трѝгнаха トラグナハ	пи́саха ピサハ	-ха

- 現在1人称単数形が -ша, -жа, -ча の動詞は、**ш → с、ж → з、ч → к** の交替があります。пи**ш**а → пи́**с**ах、кá**ж**а → кá**з**ах、плá**ч**а 〔不完〕泣く→ плá**к**ах
- мóга 〔不完〕の完了過去形は можáх, можá… です。アクセントの位置に要注意です。

ダイアローグで学んでみよう

おばあちゃんとお姉ちゃんと 一緒に暮らしていたの。

Живе́ехме за́едно с ба́ба ми и сестра́ ми.

Track
51

Кенджи	**Миле́на, отда́вна и́сках да те пи́там за де́тството ти.** ミレナ　　オッダヴナ　**イ**スカフ　　ダテピ**タ**ム　　ザ**デ**ットヴォッティ
Милена	**Живе́ехме за́едно с ба́ба ми и сестра́ ми. Все́ки де́н** ジ**ヴェ**エフメ　ザ**エ**ドノ　ズ**バ**バミ　　イセストラ**ミ**　　フ**セ**キ　**デ**ン **ста́вахме и си ля́гахме ра́но.** ス**タ**ヴァフメ　イスィ**リャ**ガフメ　**ラ**ノ
Кенджи	**А́з и бра́т ми стоя́хме до къ́сно и су́трин лежа́хме** アス　イブ**ラ**ットミ　スト**ヤ**フメ　ド**カ**スノ　　イス**ゥ**トリン　レ**ジャ**フメ **до после́дния моме́нт преди́ да изле́зем.** ドポスレ**ド**ニヤ　　モ**メ**ント　プレ**ディ**　ダイズ**レ**ゼム
Милена	**Си́гурно ня́маше вре́ме и да си изми́еш лице́то.** ス**ィ**グルノ　**ニャ**マシェ　**ヴレ**メ　イダスィイズミ**エ**シ　　リ**ツェ**ト **А заку́сваше ли, кога́то бе́ше ма́лък?** アザ**ク**スヴァシェリ　　　コ**ガ**ト　　　ベ**シェ**　**マ**ーラック
Кенджи	**Ядя́х са́мо кога́то и́мах вре́ме.** ヤ**デャ**フ　**サ**モ　コ**ガ**ト　**イ**マフ　**ヴレ**メ

ケンジ	ミレナ、ずっと君の子供の頃のことを聞いてみたかったんだ。
ミレナ	おばあちゃんとお姉ちゃんと一緒に暮らしていたの。毎日、早く起きて早く寝ていたよ。
ケンジ	僕とお兄ちゃんは遅くまで起きていて、朝は出かける前ギリギリまで寝ていたね。
ミレナ	きっと、顔を洗う時間もなかったんでしょうね。小さかった頃、朝ごはんは食べていた?
ケンジ	時間があるときだけ食べてたよ。

Отда́вна и́сках да те пи́там за де́тството ти.	ずっと君の子供の頃のことを聞いてみたかったんだ。

отда́вна は、「ずっと前から」を意味する副詞です。и́сках は、и́скам〔不完〕の未完了過去1人称単数形です。пи́там〔不完〕「～に尋ねる」は対格の目的語をとります（ここでは、対格短形の те「君を」）。前置詞 за はここでは「～について」を意味します。де́тство は「幼少期」です。

Живе́ехме за́едно с ба́ба ми и сестра́ ми.	おばあちゃんとお姉ちゃんと一緒に暮らしていたの。

живе́ехме は、живе́я, -еш〔不完〕「住む」の未完了過去1人称複数形です（☞この課のポイント）。ми は、所有者を表す与格短形で、先行する名詞は後置冠詞形になるのが普通ですが、ба́ба や сестра́ など親族名を表す名詞は後置冠詞形にする必要がありません（☞9課）。

Все́ки ден ста́вахме и си ля́гахме ра́но.	毎日、早く起きて早く寝ていたよ。

все́ки ден で「毎日」です（☞いろいろな表現）。ста́вахме は ста́вам〔不完〕「起きる」の、ля́гахме си は ля́гам си〔不完〕「寝床に入る、寝る」の未完了過去1人称複数形で、過去の習慣を表します。ра́но は「早く」です。

А́з и бра́т ми стоя́хме до къ́сно и су́трин лежа́хме до после́дния моме́нт.	僕とお兄ちゃんは遅くまで起きていて、朝はギリギリまで寝ていたね。

стоя́хме は стоя́, -и́ш〔不完〕の、лежа́хме は лежа́, -и́ш〔不完〕「横たわっている」の未完了過去1人称複数形です。いずれも -ях タイプですが、лежа́х は ж の後で -ях の代わりに -ах を書きます。

Си́гурно ня́маше вре́ме и да си изми́еш лице́то.	きっと、顔を洗う時間もなかったんでしょうね。

си́гурно は「きっと」を意味する副詞です。ня́маше は、ня́мам「持っていない」の未完了過去2人称単数形です。изми́я, -еш〔完〕「（きれいに）洗いあげる」は、ми́я〔不完〕「洗う」に接頭辞 из- を付加することで派生した動詞ですが、変化の仕方や се 動詞の使い方は ми́я と同じです（☞いろいろな表現）。лице́ は「顔」です。

Яд́ях са́мо кога́то и́мах вре́ме.	時間があるときだけ食べてたよ。

яд́ях は ям, -де́ш〔不完〕「食べる」の未完了過去1人称単数形です。са́мо は「～だけ」を意味します。

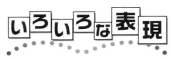

◆「各々の」や「全て」を表す表現

「毎〜、各々の」(every) を表すのは、всéки です。原則として単数形の名詞と結合して使われ、かかる名詞の性に合わせて変化します。

男性	女性	中性
всéки	вся́ка	вся́ко

всéки дéн 毎日、вся́ка су́трин 毎朝、вся́ко ля́то 毎夏

「全ての」を表すのは всúчки で、複数形の名詞と結合して使われます。

> **Всúчки студéнти посеща́ват та́зи лéкция.** 学生は全員この講義に出ます。
>
> ＊ посеща́вам〔不完〕訪問する、（授業などに）出る

また、всúчко は「全部」で（述語の動詞は単数形）、всúчки は「全員」です（述語の動詞は複数形）。

> **Всúчко е нарéд.** 全てうまくいっている。
> **Всúчки са щастлúви.** 全員が幸せである。

◆ се 動詞（2）

他動詞に се を付け加えることで、①自動詞となるもの、②相互の意味を持つものを学びました（☞ p.36）。ここでは、それ以外のパターンを紹介します。

③再帰動詞

いくつかの他動詞は се を付け加えて се 動詞とすることで、動作が自分自身に返ってくる動作や、自分のためにする動作を表します。

ми́я, -еш〔不完〕「〜を洗う」→ ми́я се「自分の体を洗う（＝自分自身を洗う）」

облúчам〔不完〕/облека́, -чéш〔完〕「着せる」

→ облúчам се / облека́ се「服を着る（＝自分に着せる）」

> （他動詞）**Стани́ да те облека́.** あなたに服を着せるから、起き上がりなさい。
> （再帰動詞）**Тря́бва да се облечéш ху́баво, защо́то е студéно.**
> 寒いから、しっかりと服を着こまなければいけません。

また、これらの се 動詞は、直接目的語をとることもできます。ただし、その場合には、се を си に変えたうえで、直接目的語にあたる名詞を置きます。

ми́я се「自分の体を洗う」→ ми́я си лицéто「自分の顔を洗う」

облúчам се「服を着る」→ облúчам си палто́то「コートを着る（＝自分にコートを着せる）」

④その他

си を伴うことで、動詞の意味が変わる場合もあります。

ля́гам「横になる」→ ля́гам си「寝る」

移動を表す動詞＋ си で、「帰る」の意味になります。тръ́гвам си「帰宅する」

●未完了過去（直説法）

未完了過去は、過去のある時点、あるいはある期間において終了していない動作（過去に進行中の動作や過去の習慣）を表し、「〜していた」と訳されます。普通は不完了体動詞から形成され、完了体動詞から作られることは極めてまれです。

未完了過去語尾は、全ての変化動詞に共通です。2人称・3人称単数形の語尾 -ше 以外は、完了過去と語尾の形が同じです。

◆第三変化動詞の未完了過去形

現在1人称単数形から語尾 -м を取り除いた部分に未完了過去語尾を付けて作ります。

		и́скам イスカム 欲する	вече́рям ヴェチェリャム 夕食をとる	未完了過去語尾
単数	1人称	и́сках イスカフ	вече́рях ヴェチェリャフ	-х
	2人称	и́скаше イスカシェ	вече́ряше ヴェチェリャシェ	**-ше**
	3人称	и́скаше イスカシェ	вече́ряше ヴェチェリャシェ	**-ше**
複数	1人称	и́скахме イスカフメ	вече́ряхме ヴェチェリャフメ	-хме
	2人称	и́скахте イスカフテ	вече́ряхте ヴェチェリャフテ	-хте
	3人称	и́скаха イスカハ	вече́ряха ヴェチェリャハ	-ха

◆第一・第二変化動詞の未完了過去形

現在1人称単数形から語尾 **-я** か **-а** を取り除いたうえで、母音 **е** か **я** を挟んで、未完了過去語尾を付けることで形成されます。<u>①現在1人称単数形の語幹にアクセントがあるときは **-ех**、②語尾にアクセントがあるときは **-я́х** になります</u>。ただし、**-я́х** の **я** は2人称・3人称単数のときだけ **е** に交替します（стоя́<u>х</u>, стое́ше）。

		① живе́я ジヴェヤ 住む	② стоя́ ストヤ 立っている	未完了過去語尾
単数	1人称	живе́ех ジヴェエフ	стоя́х ストヤフ	-х
	2人称	живе́еше ジヴェエシェ	стое́ше ストエシェ	**-ше**
	3人称	живе́еше ジヴェエシェ	стое́ше ストエシェ	**-ше**
複数	1人称	живе́ехме ジヴェエフメ	стоя́хме ストヤフメ	-хме
	2人称	живе́ехте ジヴェエフテ	стоя́хте ストヤフテ	-хте
	3人称	живе́еха ジヴェエハ	стоя́ха ストヤハ	-ха

- 現在1人称単数形が、-ка, -га の動詞は、**к → ч** と **г → ж** の交替があります。
  пека́〔不完〕焼く → пе**ч**а́х*, пе**ч**е́ше... ／ мо́га〔不完〕→ мо́**ж**ех, мо́**ж**еше...
      ＊②のタイプでは、-ж, -ч, -ш の後では -ях の代わりに -ах を書きます。
- ям の未完了過去形は、②のタイプです。яд- を使って、яд**я́**х, яд**е́**ше... となります。

黒海に以前来たことはある？

Идвал ли си преди́ на Че́рно море́?

Track
53

Милена	**Добре́ дошъ́л в Бурга́с! Идвал ли си преди́** ドブレ　　ドシャル　　　ヴブルガス　　イドヴァルリスィ　　　プレディ **на Че́рно море́?** ナチェルノ　　　　モレ
Кенджи	**Не́, за пъ́рви пъ́т съм ту́к. Какво́ е това́,** ネ　ザパルヴィ　パットサム　トゥック　カクヴォエトヴァ **кое́то ни е доне́съл сервитьо́рът?** コエトニエ　　　ドネサル　　　セルヴィチョラット
Милена	**Това́ е ца́ца. Я́л ли си? Мо́же би не си́.** トヴァエ　　ツァツァ　ヤルリスィ　　　　モジェビ　　　ネスィ **Това́ са пъ́ржени ри́бки, с който мно́го върви́ би́ра.** トヴァサ　　パルジェニ　　リブキ　　スコイト　　ムノゴ　ヴァルヴィ　ビラ
Кенджи	**Ми́сля, че съм я опи́твал в една́ бира́рия в Со́фия.** ミスリャ　チェサムヤオピトヴァル　　フエドナ　ビラリヤ　　　フソフィヤ
Милена	**Бра́во! А́, и би́рата са ни доне́сли.** ブラヴォ　ア　　イビラタサニ　　　ドネスリ **Гото́во! Ха́йде да вди́гнем то́ст! Наздра́ве!** ゴトヴォ　　ハイデ　　ダヴディグネム　トスト　ナズドラヴェ

ミレナ	ブルガスへようこそ！　黒海に以前来たことはある？
ケンジ	いや、初めてここに来たよ。ウェイターが持ってきたこれは何？
ミレナ	これはツァツァだよ。食べたことある？　たぶんないよね。 小魚のフライで、ビールにとても合うんだよ。
ケンジ	ソフィアのビアホールで試したことがあると思うな。
ミレナ	いいね！　ああ、ビールも届いて準備万端ね！　乾杯しよう！　乾杯！

Добре́ дошъ́л в Бурга́с!	ブルガスへようこそ！

Добре́ дошъ́л は、「ようこそ」を意味する慣用表現です（☞ p.7）。

Йдвал ли си преди́ на Че́рно море́?	黒海に以前来たことはある？

йдвал は、**йдвам**〔不完〕「来る」の完了過去能動分詞男性形です。**съм** 動詞の現在2人称単数形の **си** と組み合わさって、現在完了形を形成します（☞この課のポイント）。**преди́** は前置詞以外に、副詞で「以前に」を表します。

Не́, за пъ́рви пъ́т съм ту́к.	いや、初めてここに来たよ。

за пъ́рви пъ́т で、「初めて」を表す副詞句です。**ту́к** は「ここ」です。

Какво́ е това́, кое́то ни е доне́съл сервитьо́рът?	ウェイターが持ってきたこれは何？

кое́то は、関係代名詞 **ко́йто** の中性形です（☞この課のポイント）。その理由は先行詞にあたる指示代名詞 **това́** が中性形であるためです。**доне́съл** は、**донеса́**〔完〕「持ってくる」の完了過去能動分詞男性形で、**доне́съл е** で現在完了3人称単数男性形です。その主語は、**сервитьо́рът**「ウェイター」です。

Я́л ли си? Мо́же би не си́.	食べたことある？　たぶんないよね。

я́л は、**я́м**〔不完〕「食べる」の完了過去能動分詞男性形で、**си** と共に現在完了形を成します。**мо́же би** は「たぶん」を意味する決まった表現です。**не си́** は、文脈から明らかなため、その後に **я́л** が省略されています。

Това́ са пъ́ржени ри́бки, с ко́йто мно́го върви́ би́ра.	小魚のフライで、ビールにとても合うんだよ。

пъ́ржени ри́бки で「小魚のフライ」を意味し、これが複数形であるため **съм** 動詞は **са** となっているほか、関係代名詞も複数形 **ко́йто** になっています。**върви́ с...**〔不完〕は、ここでは「～と合う」の意味です。

И би́рата са ни доне́сли. Гото́во!	ビールも届いて準備万端ね！

現在完了形 **доне́сли са** は3人称複数形ですが、主語は明示されていません。これは不定人称文と言い、あえて動作主を特定する必要のない場合に使います。副詞の **гото́во** は「準備ができた」の意味です。

седемдесе́т и де́вет ⬛ 79

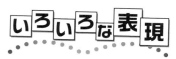

Track 54

◆誘いの表現（да 構文を用いた表現③）

「～しましょう」という誘いの表現は、да 構文を使って表すことができます。しばしば助詞 хайде「さあ」を伴い、 хайде да ＋動詞の現在 1 人称複数形 となります。

Хайде да вдигнем тост! 乾杯をしましょう！

＊ вдигна, -еш〔完〕/вдигам〔不完〕тост 乾杯する

Хайде да отидем на кино заедно. 一緒に映画を観に行きましょう。

хайде なしでも、動詞が 1 人称複数形であれば、勧誘を表すことができます。

Да тръгваме! 出発しましょう！

Да тръгваме ли? 出発しましょうか？

このほか、да 構文は、命令や願望なども表すことができます。この意味ではよく助詞の нека を伴いますが、なくても構いません。(cf. p.123)

Нека Петър да ни донесе бирата. ペタルにそのビールを持ってこさせて。

◆食事のときに使える表現

ブルガリア語には、日本語の「いただきます」「ごちそうさま」に相当する表現はありませんが、食事する人に対して使う「召し上がれ」に相当する表現は 2 つほどあります。

Добър апетит!

Да ти е сладко!

前者はフランス語の Bon appétit! に相当し「旺盛な食欲を！」の意味です。後者は да 構文を用いた表現で、直訳すると「あなたにとって甘い（＝美味しい）ように！」です。

◆現在完了の用法（動作の結果や経験を表す表現）

①結果残存 過去に行われた動作の結果が、発話時点まで残っていることを意味します。
つまり、動作自体より動作の結果や今の状態に焦点があてられています。

И бирата са ни донесли. ビールも私たちに届けられている。

Милена е заспала. ミレナは寝入ってしまっている。 ＊ заспя, -иш; -ах 寝入る

cf. 完了過去 Милена заспа. ミレナは寝入った。
　☞過去のある時点で寝入ったことしか述べず、今どうであるかは述べていません。

②経験 「～したことがある」を意味します。

Идвал ли си в Бургас? （君は）ブルガスに来たことはある？

Милена е била в Париж много пъти.
ミレナは何度もパリに行ったことがある。

この課の
ポイント

●完了過去能動分詞

完了過去能動分詞は、完了過去形の語幹に **-л** を付けることで形成されます。

	完了過去形の語末	完了過去形	完了過去能動分詞
①	-ах, -ях, -их, -ех	йдвах	йдва**л** イドヴィル , -**л**а, -**л**о, -**л**и
②	-ох -тох, -дох	ядох	я**л** ヤル , -**л**а, -**л**о, -**л**и
③	-ох -сох, -зох, -кох	донéсох	донéсъ**л** ドネサル , -**л**а, -**л**о, -**л**и

- 性・数の変化があり、形容詞と同じように -a, -o, -и の語尾を付けて変化します。
- ①は -x を取って、②は -тох, -дох を取って、-л, -ла, -ло, -ли を付けます。
  ③は -ох を取って、**-ъл**, -ла, -ло, -ли を付けます。
- ただし、съм は **бил**, -лá, мóга は **могъл**, -глá, дóйда は **дошъл**, -шлá です。

●現在完了（直説法）

現在完了は、発話時点までその結果が有効である過去の動作を表します（☞いろいろ
な表現）。 完了過去能動分詞 + **съм** 動詞現在形 で形成されます。

	単数	複数
1人称	ял(-a) съм ヤルサム	яли сме ヤリスメ
2人称	ял(-a) си ヤルスィ	яли сте ヤリステ
3人称	ял(-a, -o) е ヤルエ	яли са ヤリサ

- съм 動詞は主語の人称・数に合わせて変化し、完了過去能動分詞は主語の性・数に合
  わせて変化します。否定形は **не съм ял**、疑問形は **ял ли съм** です。
- 代名詞短形が用いられる場合、短形は съм 動詞と語群を形成します。
  1) 主語が3人称単数のときは①、それ以外は②の語順になります。
     ①短形 + **e**　　②**съм**（e を除く）+短形
  2) 完了過去能動分詞 が文頭のときは（イ）、それ以外は（ロ）の語順になります。
     ①イ） Ял го **e**.　ロ）… го e Ял 　②イ） Ял съм го.　ロ）… съм го Ял

●関係代名詞

関係代名詞は、従属節によって名詞（＝先行詞）を修飾します。先行詞の性・数に応
じて変化しますが、男性形だけ主格と斜格の区別があります（cf. p.111）。

男性 （主格／斜格）		女性	中性	複数
кóйто コイト／ когóто コゴト		коя́то コヤト	коéто コエト	кóйто コイト

ダイアローグで学んでみよう

осемдесéт и еднó　**81**

Диалог

18.

入場券はどこで売っているの？

Къде́ се прода́ват вхо́дните биле́ти?

Track 55

Петър **Ю́ри, това́ е Боя́нската цъ́рква, коя́то е включена**
ユリ トヴァエ ボヤンスカタ ツァルクヴァ コヤトエ フクリュチェナ

в спи́съка на свето́вното культу́рно насле́дство
フスピサカ ナスヴェトゥノト クルトゥルノ ナスレットヴォ

на ЮНЕ́СКО о́ще през 1979 г. (хиля́да де́ветстотин
ナユネスコ オシテ プレス ヒリャダ デヴェトストティン

седемдесе́т и деве́та годи́на)
セデムデセット イデヴェタ ゴディナ

Юри **Къде́ се прода́ват вхо́дните биле́ти?**
カデセ プロダヴァット フホドニテ ビレティ

Петър **Е́то та́м. Ту́к се предла́га и бесе́да с екскурзово́д.**
エト タム トゥクセ プレドラガ イベセダ スエクスクルゾヴォット

Юри **Тря́бва ли да се запа́зи предвари́телно?**
トリャブヴァリ ダセザパズィ プレドヴァリテルノ

Петър **Не се́ притесня́вай. Ве́че е запа́зена. Бя́х се оба́дил**
ネセ プリテスニャヴァイ ヴェチェエ ザパゼナ ビャフセ オバディル

о́ще преди́ да изле́зем.
オシテ プレディ ダイズレゼム

ペタル ユリ、これがボヤナ教会だよ。この教会がユネスコの世界文化遺産リストに加えられたのはまだ 1979 年のことだったんだ。

ユリ 入場券はどこで売っているの？

ペタル ほらあそこだよ。ここはガイドの案内もあるんだ。

ユリ 事前予約が必要なの？

ペタル 心配しないで。もう予約済みだよ。出かける前に電話しておいたんだ。

osemdesét и двé

82

Това́ е Боя́нската цъ́рква, коя́то е вклю́чена в спи́съка на... ЮНЕСКО о́ще през 1979 г.	これが 1979 年にユネスコのリストに加えられたボヤナ教会だよ。

　коя́то は関係代名詞 ко́йто の女性形で、先行詞は **Боя́нската цъ́рква**「ボヤナ教会」です。**вклю́чена** は、**вклю́ча, -иш**〔完〕「加える」の受動過去分詞女性形で、**съм** 動詞の **е** と共に受動態を形成しています（☞ この課のポイント）。前置詞 **през** は「～（年）に」を表し、**г.** は **годи́на**「年」の略です（☞ いろいろな表現）。

Къде́ се прода́ват вхо́дните биле́ти?	入場券はどこで売っているの？

　прода́вам〔不完〕「～を売る」の 3 人称に **се** が付いた形は受動態で「売られる」を意味します。主語にあたるのが、複数形の名詞の **вхо́дните биле́ти**「入場券」なので、3 人称複数形 **прода́ват се** になっています。

Ту́к се предла́га и бесе́да с екскурзово́д.	ここはガイドの案内もあるんだ。

　предла́га се「提供される」を意味する受動態で（<**предла́гам**〔不完〕「提供する」）、主語は **бесе́да с екскурзово́д**「ガイド付き案内」です。

Тря́бва ли да се запа́зи предвари́телно?	事前予約が必要なの？

　запа́зя, -иш〔完〕「～を予約する」の 3 人称に **се** の付いた形は受動態で「予約される」を意味します。主語は文脈から **бесе́да с екскурзово́д** であることが分かります。副詞 **предвари́телно** は「事前に」の意味です。

Не се́ притесня́вай.	心配しないで。

　се 動詞である **притесня́вам се**〔不完〕「心配する」の否定命令形です。

Ве́че е запа́зена.	もう予約済みだよ。

　запа́зена は、**запа́зя**〔完〕「予約する」の受動過去分詞女性形です。**съм** 動詞の **е** と結合し受動態を形成しています。前のセリフの **се** を伴う受動態とはニュアンスが異なり、予約されている状態（＝予約済み）であることを意味します。

Бя́х се оба́дил о́ще преди́ да изле́зем.	出かける前に電話しておいたんだ。

　бя́х се оба́дил は、**оба́дя,-иш се**〔完〕「電話する」の過去完了形です（☞ この課のポイント）。出かけた時点よりもさらに前の過去の動作を表します。

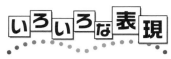

Track 56

◆年月日や曜日を表す表現

年月日や曜日の表し方を覚えましょう。

まず、年月日は、日本語と逆で、日月年の順に並べ、次のように表します。

| 日にち（序数詞男性形）＋ 月 ＋ 年（序数詞女性形）**годи́на** |

日にちは序数詞男性形（**де́н** に一致するため）にし、年は序数詞女性形（**годи́на** に一致するため）にする点に注意しましょう。（序数詞は次の項目を参照のこと）

また、「～（日）に」は前置詞 **на** で、「～（月、年）に」は前置詞 **през** で表します。ただし、年月日を続けて言うときには、最初のものにだけ前置詞を使います。

на пъ́рви ма́рт 3 月 1 日に、**през (ме́сец)* ма́рт** 3 月に、**през 1979 г.** 1979 年に
на 24 май 2020 г. 2020 年 5 月 24 日に、 **през май 2020 г.** 2020 年 5 月に
* **ме́сец** 「月」は月の名の前後どちらに置いても構いませんし、そもそも入れなくてもいいです。

一方、「～（曜日）に」を表すためには前置詞 **в** を使います。

в понеде́лник 月曜日に、**във вто́рник** 火曜日に、**в сря́да** 水曜日に …

♪月（**ме́сец**）

1 月 януа́ри	5 月 ма́й	9 月 септе́мври
2 月 февруа́ри	6 月 ю́ни	10 月 окто́мври
3 月 ма́рт	7 月 ю́ли	11 月 ное́мври
4 月 апри́л	8 月 а́вгуст	12 月 деке́мври

♪週（**се́дмица**）

月曜日 понеде́лник	
火曜日 вто́рник	金曜日 пе́тък
水曜日 сря́да	土曜日 съ́бота
木曜日 четвъ́ртък	日曜日 неде́ля

◆序数詞

序数詞は、「～番目」というように順序を表しますが、そのふるまいは形容詞と同じです。1 ～ 4 は特別な形を持ちますが、5 ～ 99 は基数詞に -и を付けることで作られます。修飾する名詞の性・数に合わせて -a, -o, -и の語尾を付けて変化します。

1 番目の　男性 пъ́рви、女性 пъ́рва、中性 пъ́рво、複数 пъ́рви*　*男性形と同形になります。
2 番目の вто́ри, -a, -o, -и　3 番目の тре́ти, -a, -o, -и　4 番目の четвъ́рти, -a, -o, -и
5 番目の пе́т → пе́ти, -a, -o, -и　以降 99 まで同じ。100 番目の сто́тен, -тна, -o, -и

- 7 番目の се́дми（<се́дем）、8 番目の о́сми（<о́сем）だけ、最後の e が落ちます。
- 9 番目の деве́ти（<де́вет）、10 番目の десе́ти（<де́сет）は、アクセントの位置が基数詞と異なります。
- 合成数詞の場合、最後の位だけ序数詞にします。сто́ два́йсет и пъ́рви 121 番目
- -ски の形容詞と同じ後置冠詞形を持ちます。

 пъ́рвия́т/пъ́рвия, пъ́рвата, пъ́рвото, пъ́рвите

●受動過去分詞

受動過去分詞は、完了過去形から語尾 -x を取り、**-н** または **-т** を付して作られます。

現在形	完了過去形	接尾辞	音交替	受動過去分詞
пи́ша 書く ピシャ	пи́сах ピサフ	**-н**	なし	пи́са**н**, -а, -о, -и ピサン
прода́м 売る プロダム	прода́до x プロダドフ		**о → е**	прода́де**н**, -а, -о, -и プロダデン
запа́зя 予約する ザパズャ	запа́зи x ザパズィフ		**и → е**	запа́зе**н**, -а, -о, -и ザパゼン
① вди́гна 持ち上げる ヴディグナ	вди́гнах ヴディグナフ	**-т**	なし	вди́гна**т**, -а, о, -и ヴディグナット
② пи́я 飲む ピャ	пи x ピフ			пи́**т**, -а, -о, -и ピット

- ほとんどの動詞が **-н** をとります。**-т** をとるのは、現在 1 人称単数形が、
  ① -на と -ема の第一変化動詞と、②「母音 + я」で語根が一音節の動詞です。
- -ох, -их タイプの動詞は、語尾の前の母音を е に変えて、-н を付けます。
- 性・数の変化があり、形容詞と同じように -а, -о, -и の語尾を付けて変化します。

●受動態

受動態「～される」の作り方には、①**受動過去分詞**によるものと、② се 動詞によるものがあります。ただし、②の作り方で主語になれるのは、原則として 3 人称だけです。

① **受動過去分詞 + съм 動詞** ☞ 動作が行われた結果生じた**状態**を表します。
Ма́сата е запа́зена.　テーブルは予約されている（＝予約済み）。
Вхо́дните биле́ти са прода́дени.　入場券は売られてしまった（＝売り切れ）。

② **他動詞 + се（= се 動詞）** ☞ 動作の反復や進行中の動作、一般論を表します。
Тря́бва да се запа́зи предвари́телно.　事前に予約されなければならない。
Къде́ се прода́ват вхо́дните биле́ти?　どこで入場券が売られているの？

- 動作の主体を示したいときは、от を用います。от Пе́тър ペタルによって

●過去完了 （直説法）

ある過去の時点に先行する時点で行われた動作（およびその結果や状態）を表します。
съм 動詞の過去形＋完了過去能動分詞 によって作ります。

- 代名詞短形や ли は、съм 動詞過去形と完了過去能動分詞の間に置きます。
Бях се обади́л преди́ да изле́зем.　出かける前に電話しておいた。

ダイアローグで学んでみよう

осемдесе́т и пе́т　85

僕らが一緒になれたら
どんなに素晴らしいだろう。

Ко́лко би било́ ху́баво, ако́ мо́жем да бъ́дем за́едно.

Track 57

Кенджи	**Чести́т и́мен де́н, Миле́на! Да бъ́деш здра́ва,** チェスティト イメン デン ミレナ ダバデシ ズドラヴァ **щастли́ва и все́ така́ усми́хната!** シタストリヴァ イフセ タカ ウスミフナタ
Милена	**Благодаря́ за краси́вите цветя́! Би́ ли ги сло́жил** ブラゴダリャ ザクラスィヴィテ ツヴェタ ビリギ スロジル **във ва́зата?** ヴァフヴァザタ
Кенджи	**Ако́ и́мах по́вече пари́, щя́х да ти подаря́ не́що** アコ イマフ ポヴェチェ パリ シテャフダティ ポダリャ ネシト **по́-ху́баво. Всъ́щност... ми́слех си, ко́лко би било́** ポ フバヴォ フサシトノスト ミスレフスィ コルコ ビ ビロ **ху́баво, ако́ мо́жем да бъ́дем за́едно.** フバヴォ アコ モジェム ダバデム ザエドノ **Би́х и́скал да чу́я тво́я о́тговор.** ビフ イスカル ダチュヤ トゥヴォヤ オドゴヴォル

Милена	**И а́з щя́х да те пи́там съ́щото. Това́ е мо́ят о́тговор.** イアス シテャフ ダテピタム サシトト トゥヴァエ モヤット オドゴヴォル

ケンジ	名の日おめでとう、ミレナ！ 健康で、幸福で、いつも変わらず笑顔でいてね。
ミレナ	きれいなお花をありがとう！ 花瓶に挿しておいてくれる？
ケンジ	もっとお金があったら、何かもっと素敵なものを贈るんだけど。実は…僕らが一緒になれたらどんなに素晴らしいだろうって、一人で考えていたんだ。君の答えを聞けたらな。
ミレナ	私も同じことを聞こうとしていたの。これが私の答え。

| **Честит имен ден!** | 名の日おめでとう！ |

честит はお祝いに使える表現です（☞いろいろな表現）。**имен ден**「名の日」
は、自分と同じ名前の聖人の日で、この日を祝う習慣があります。

| **Би ли ги сложил във вазата?** | 花瓶に挿しておいてくれる？ |

би は、 条件法に用いる助動詞 **бих** の2人称単数形で、 後の **сложил**
（**сложа, -иш**〔完〕「置く」の完了過去能動分詞）と共に条件法を成しています
（☞この課のポイント）。**ги** は前の **красивите цветя** を指す対格短形です。

| **Ако имах повече пари, щях да ти подаря нещо по-хубаво.** | もっとお金があったら、何かもっと素敵なものを贈るんだけど。 |

帰結節に見られる **щях да подаря** は、**подаря, -иш**〔完〕「贈る」の過去
未来1人称単数形です（☞この課のポイント）。

| **Всъщност... мислех си** | 実は…一人で考えていたんだ。 |

мислех си は、**мисля, -иш**〔不完〕「考える」の未完了過去形ですが、ここ
で **си** は「自分で、一人で」というニュアンスを付加しています。

| **Колко би било хубаво, ако можем да бъдем заедно.** | 僕らが一緒になれたらどんなに素晴らしいだろうか。 |

帰結節で用いられている **би било** は、**съм** 動詞の条件法3人称単数中性形で
す。**колко** は「いくつ、どれくらい」を表す疑問詞です。

| **Бих искал да чуя твоя отговор.** | 君の答えを聞けたらな。 |

бих искал は、**искам**〔不完〕の条件法1人称単数男性形です。条件法を使
うことで、自らの希望を丁寧に表現できます（☞いろいろな表現）。**твоя**「君の」
は、所有代名詞長形の男性斜格形です。**отговор**「答え」に一致して男性形とな
り、全体が **чуя**「聞く」の直接目的語なので斜格形になっています。ミレナの返
答にある **моят**「私の」が主格形になっているのと比較してください。

| **И аз щях да те питам същото.** | 私も同じことを聞こうとしていたの。 |

щях да питам は、**питам**〔不完〕の過去未来1人称単数形です。**същ** は
「同じ〜」という意味の代名詞で、中性形の **също** が後置冠詞を伴い「同じこと」
という意味で用いられています。

осемдесет и седем **87**

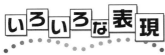

◆**お祝いの表現**

お祝いの表現としては、「めでたい」を意味する形容詞 честит を使ったさまざまな表現があります。ダイアログにある名の日以外にも、例えば、次のように使います。

> Честита Нова година! 新年あけましておめでとう！
> Честит рожден ден! 誕生日おめでとう！ 　 * рожден ден 誕生日
> Честит празник! 祝日おめでとう！（お祝いの日やおめでたい日などいつでも）

ほかにも、もしあなたが新しい車を購入したり、あるいは散髪して新しい髪型になっていたりしたら、ブルガリア人はきっと次のように言うでしょう。

> Честита нова кола! 新車おめでとう！ 　 * кола 自動車
> Честита нова прическа! 新しい髪型おめでとう！ * прическа 髪型

このようにどんな名詞にも付けることができてとっても便利な表現です。ただし、形容詞ですからかかる名詞の性・数で一致させるのをお忘れなく。具体的な名詞が思い付かなくても、中性形で単に Честито! といえば、「おめでとう！」という意味で通じますのでご安心ください。

◆**丁寧な表現**

条件法を使って、丁寧に希望を伝えたり、相手に依頼したりすることができます。

① 丁寧な希望

> Бих искал да чуя твоя отговор. 君の答えを聞けたらな。
> Бих ви помолил да пазите тишина. 静かにしていただけるようお願いします。

* пазя,-иш тишина 静寂を保つ

② 丁寧な依頼（疑問文で）

> Би ли ги сложил във вазата? 花瓶にそれ(花)を挿しておいてくれる？
> Бихте ли ми повикали едно такси? タクシーを呼んでいただけますか？

◆**直説法と条件法の違い**

条件節（もし～なら）と帰結節（…なのに）の２つの節から成る文では、帰結節において直説法（未来または過去未来）と条件法（時制の区別なし）のどちらも使うことができます。ただし、直説法と比べて、条件法は動作の実現可能性が低い事を示唆します。

| Ако имах повече пари, | щях да ти подаря нещо по-хубаво.（直説法） |
| | бих ти подарил нещо по-хубаво.（条件法） |

●条件法

条件法は、一定の条件下で起こりうる仮定の動作を表し、「(もし〜なら)…だろうに」
と訳されます。 助動詞 **би́х** ＋完了過去能動分詞 で作られます。

	単数	複数
1人称	би́х и́скал (-a) ビフ イスカル	би́хме и́скали ビフメ イスカリ
2人称	би́ и́скал (-a) ビ イスカル	би́хте и́скали ビフテ イスカリ
3人称	би́ и́скал (-a, -о) ビ イスカル	би́ха и́скали ビハ イスカリ

- 助動詞 **би́х** は主語の人称・数に合わせて変化し、完了過去能動分詞は主語の性・数で
  一致します。否定形は **не би́х и́скал** で、疑問形は **би́х ли и́скал** です。
- 代名詞短形は、助動詞 **би́х** と完了過去能動分詞の間に置かれます。

  Би́ ли **ги** сло́жил ？ それらを置いてくれる？

●過去未来（直説法）

過去のある時点から見て未来に行われる（発話時点から見れば過去の）動作を表しま
す。日本語では「〜するつもりだった」などとなります。肯定形は、 助動詞 **ща́**＊の
未完了過去＋ **да** 構文 、否定形は **ня́маше（不変化）＋ да** 構文 で形成されます。

	単数	複数
1人称	щя́х да подаря́ シテャフ ダポダリャ	щя́хме да подари́м シテャフメ ダポダリム
2人称	ще́ше да подари́ш シテシェ ダポダリシ	щя́хте да подари́те シテャフテ ダポダリテ
3人称	ще́ше да подари́ シテシェ ダポダリ	щя́ха да подаря́т シテャハ ダポダリャット

- 疑問形はそれぞれ、**щя́х ли да...／ ня́маше ли да...** です。(＊ ща́, -е́ш〔不完〕「欲する」)
- 代名詞短形は、да と動詞の間に置かれます。 щя́х да **те** пи́там

●所有代名詞長形

「私の」などを意味し、名詞の前に置いて、その名詞の性・数に合わせて変化します。

	1単	2単	3単 男・中	3単 女	1複	2複	3複
男性	мо́й	тво́й	не́гов	не́ин	на́ш	ва́ш	те́хен
女性	мо́я	тво́я	не́гова	не́йна	на́ша	ва́ша	тя́хна
中性	мо́е	тво́е	не́гово	не́йно	на́ше	ва́ше	тя́хно
複数	мо́и	тво́и	не́гови	не́йни	на́ши	ва́ши	те́хни

- 形容詞と同じ後置冠詞形を持ちます (e.g. мо́ят/мо́я*, мо́ята, мо́ето, мо́ите)。

  ＊この мо́я は男性斜格形です。同形になる女性形 мо́я との混同に注意が必要です。
- 所有の与格短形（ми など）とは異なり、主に**強調**や**対比**に用いられます。

  мо́ят о́тговор　私の答え　(cf. о́тговорът ми)

ミレナはとっても幸せだそうだよ。

Миле́на била́ мно́го щастли́ва.

Track
59

Биляна	**Зна́еш ли, че Ке́нджи и Миле́на запо́чнали**
	ズ**ナ**エシリ　　チェ**ケ**ンジ　　イ**ミ**レナ　　ザボチナリ
	да се сре́щат?
	ダセス**レ**シタット
Петър	**Да́, чу́х от Ю́ри. Миле́на била́ мно́го щастли́ва.**
	ダ　　チュフ　オット**ユ**リ　　ミレナ　　ビラ　　ムノゴ　　シタストリ**ヴァ**
Биляна	**Ве́че били́ на́ели апартаме́нт бли́зо до Бори́совата**
	ヴェチェ　ビリ　ナエリ　アパルタ**メ**ント　ブリゾ　ドボ**リ**ソヴァタ
	гради́на и сега́ живе́ели за́едно.
	グラ**ディ**ナ　イセガ　ジ**ヴェ**エリ　ザエドノ
Петър	**Дори́ се били́ сгоди́ли и ще́ли да се же́нят догоди́на.**
	ド**リ**セ　ビリ　ズゴ**ディ**リ　イ**シ**テリ　ダセジェ**ニャ**ット　ドゴ**ディ**ナ
Биляна	**Миле́на ка́за, че ти́ съ́що си би́л изли́зал с Ю́ри**
	ミレナ　**カ**ザ　チェ**ティ**　サシトス**ィ**　ビル　イ**ズ**リザル　ス**ユ**リ
	ве́че ня́колко пъ́ти. Вя́рно ли е?
	ヴェチェ　ニャコルコ　**パ**ッティ　**ヴァ**ルノリエ

ビリャナ	ケンジとミレナが付き合いだしたって知ってる？
ペタル	うん、ユリから聞いた。ミレナはとっても幸せだそうだよ。
ビリャナ	ボリス公園のそばにアパートをもう借りていて、今は一緒に住んでいるそうなの。
ペタル	婚約もしていて、来年には結婚するらしいよ。
ビリャナ	ミレナが言っていたけど、あなたもユリとすでに何度かデートしているんですって。本当なの？

| **Кéнджи и Милéна запóчнали да се срéщат.** | ケンジとミレナが付き合いだしたそうだ。 |

запóчнали は、**запóчна, -еш**〔完〕「始める」の完了過去の伝聞法3人称複数形です（☞この課のポイント）。伝聞法では、3人称が主語である場合には **съм** 動詞を省いて完了過去能動分詞だけで表されます。**срéщам се**〔不完〕「会う」は、不完了体で使われると、継続して会い続けることが意図され、「（恋愛感情を持って）付き合う」の意味でも使います。

| **Милéна билá мнóго щастлѝва.** | ミレナはとっても幸せだそうだよ。 |

билá は、**съм** 動詞現在の伝聞法3人称単数女性形です。

| **Вéче билѝ наéли апартамéнт блѝзо до Борѝсовата градѝна.** | ボリス公園のそばにアパートをもう借りたそうだ。 |

билѝ наéли は、**наéма, -еш**〔完〕「借りる」の現在完了の伝聞法3人称複数形です。**наéма** の完了過去は、**взéма** と同じ **-х** タイプですので、**наéх, наé...** となります。**наé-** という完了過去語幹に **-л** を付して、**наéл** という完了過去能動分詞ができます。これに **бѝл** を添えると、現在完了の伝聞法の形になります。**блѝзо до...** で「…の近くに」を意味します。また、**Борѝсовата градѝна**「ボリス公園」はソフィアの中心部にある自然にあふれた広大な公園です。

| **Сегá живéели зáедно.** | 今は一緒に住んでいるそうなの。 |

живéели は、**живéя, -еш**〔不完〕「住む」の現在の伝聞法3人称複数形です。未完了過去1人称単数形 **живéех** の語尾 **-х** を取り、**-л** を付すことで、未完了過去能動分詞 **живéел** が作られます（cf. 完了過去能動分詞 живя́л）。

| **Дорѝ се билѝ сгодѝли и щéли да се жéнят догодѝна.** | 婚約もしていて、来年には結婚するらしいよ。 |

билѝ се сгодѝли は **сгодя́,-ѝш се**〔完〕「婚約する」の現在完了の伝聞法3人称複数形で、**щéли да се жéнят** は、**жéня,-иш се**〔不完〕「結婚する」の未来の伝聞法3人称複数形です。副詞 **догодѝна** は「来年に」を意味します。

| **... тѝ сѝщо си бѝл излѝзал с Ю́ри вéче ня́колко пѝти.** | あなたもユリとすでに何度かデートしているんですって。 |

бѝл си излѝзал は、**излѝзам**〔不完〕「出かける」の現在完了の伝聞法2人称単数男性形です。**съм** 動詞の2人称単数形の **си** があることから分かるように、伝聞法でも3人称以外では **съм** 動詞を使います。

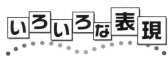

◆結婚に関する表現

Же́нен съм.　私（＝男）は結婚しています。
Ому́жена съм.　私（＝女）は結婚しています。

　男性は жена́「女性、妻」を意味する名詞に由来する形容詞 же́нен を、女性は мъж「男性、夫」を意味する名詞に由来する形容詞の女性形 ому́жена を使うことで、「結婚している」状態にあることを表現することができます。男女で表現の仕方が異なる点に注意が必要です。一方、「結婚する」を意味する動詞は男女共通で же́ня,-иш се〔不完〕です。

♪恋愛や結婚に関する語彙

бра́к	結婚
сва́тба	結婚式
годе́ж	婚約
разво́д	離婚
прия́тел / прия́телка	彼氏／彼女
годени́к / годени́ца	婚約者（男）／婚約者（女）
младоже́нец / младоже́нка	花婿／花嫁

◆歴史上の出来事の表し方

　歴史上の出来事などを述べる際には、原則として伝聞法にする必要があります（ただし、直説法現在形もこの場合に使うことができます）。直説法の完了過去・未完了過去を使うと、話し手自身が目撃したというニュアンスが加わるため、不自然になってしまいます。

През IX* ве́к два́мата бра́тя създа́ли（ または създа́ват も可）
пъ́рвата славя́нска а́збука.
9世紀に、二人の兄弟（＝キュリロスとメトディオス）が最初のスラヴ文字を作った。

създа́л < създа́дох < създа́м, -де́ш〔完〕／ създа́вам〔不完〕創造する
＊世紀を表す場合はローマ数字を使うのが一般的で、序数詞で読みます。ここは деве́ти です。

また、伝聞法は、伝説や昔話でも用いられます。

ダイアローグで学んでみよう

●伝聞法

伝聞法は、話し手自身が直接目撃・体験していない出来事を、ほかの情報源をもとに述べていることを表します。また、その情報に対して話し手が感じる疑念などの主観的な判断が加味されることもしばしばあります。

［伝聞法］Миле́на би́ла́ щастли́ва. ミレナは幸せだそうだ。　☞間接情報

［直説法］Миле́на е щастли́ва. ミレナは幸せだ。　☞直接目撃した

伝聞法は、4つの時制を形の上で区別します。助動詞として用いられる съм 動詞が**3人称のみ使われない点に注意**が必要です。

①現在・未完了過去の伝聞法 ― 未完了過去能動分詞 + **съм** 動詞（3 人称除く）

	単数	複数
1 人称	живе́ел(-а) съм ジヴェエルサム	живе́ели сме ジヴェエリスメ
2 人称	живе́ел(-а) си ジヴェエルスィ	живе́ели сте ジヴェエリステ
3 人称	живе́ел(-а, -о) ジヴェエル	живе́ели ジヴェエリ

♪未完了過去能動分詞—未完了過去語幹に -л を付して作られます。複数形語尾の -и の前で、я → е の交替があることがあります。я́м > ядя́х > ядя́л, яде́ли

②完了過去の伝聞法 ― 完了過去能動分詞 + **съм** 動詞（3 人称除く）

	単数	複数
1 人称	запо́чнал(-а) съм ザポチナルサム	запо́чнали сме ザポチナリスメ
2 人称	запо́чнал(-а) си ザポチナルスィ	запо́чнали сте ザポチナリステ
3 人称	запо́чнал(-а, -о) ザポチナル	запо́чнали ザポチナリ

③現在完了・過去完了の伝聞法 ― **би́л** + **съм** 動詞（3 人称除く）+ 完了過去能動分詞

	単数	複数
1 人称	би́л(-а́) съм нае́л(-а) ビルサム ナエル	били́ сме нае́ли ビリスメ ナエリ
2 人称	би́л(-а́) си нае́л(-а) ビルスィ ナエル	били́ сте нае́ли ビリステ ナエリ
3 人称	би́л(-а́, -о́) нае́л(-а, -о) ビル ナエル	били́ нае́ли ビリ ナエリ

④未来の伝聞法 ― **щя́л(-а, -о, ще́ли)** + **съм** 動詞（3 人称除く）+ **да** 構文

	単数	複数
1 人称	щя́л(-а) съм да се же́ня シテャルサム タセジェニャ	ще́ли сме да се же́ним シテリスメ ダセジェニム
2 人称	щя́л(-а) си да се же́ниш シテャルスィ ダセジェニシ	ще́ли сте да се же́ните シテリステ ダセジェニテ
3 人称	щя́л(-а, -о) да се же́ни シテャル ダセジェニ	ще́ли да се же́нят シテリ ダセジェニャット

• 否定形は **ня́мало**（不変化）+ **да** 構文 で表します。ня́мало да се же́ня

деветдесе́т и три́　93

文法編

1. アルファベットと発音

Track 61

　ブルガリア語のアルファベットにはキリル文字を用い、全部で30字あります。原則として、書いたままに発音されます。以後、発音の話をする際は、[　]内に実際の発音を入れて表記することで、文字の話と区別します。

活字体		発音		名称
大文字	小文字			
А	а	[a]	á	ア
Б	б	[b]	бъ́	ブ
В	в	[v]	въ́	ヴ
Г	г	[g]	гъ́	グ
Д	д	[d]	дъ́	ドゥ
Е	е	[e]	é	エ
Ж	ж	[ʒ]	жъ́	ジュ
З	з	[z]	зъ́	ズ
И	и	[i]	и́	イ
Й	й	[j]	й кра́тко	イ・クラトコ（短いイ）
К	к	[k]	къ́	ク
Л	л	[l]	лъ́	ル
М	м	[m]	мъ́	ム
Н	н	[n]	нъ́	ヌ
О	о	[o]	ó	オ

活字体		発音		名称
大文字	小文字			
П	п	[p]	пъ́	プ
Р	р	[r]	ръ́	ル
С	с	[s]	съ́	ス
Т	т	[t]	тъ́	トゥ
У	у	[u]	ý	ウ
Ф	ф	[f]	фъ́	フ
Х	х	[x]	хъ́	フ
Ц	ц	[ts]	цъ́	ツ
Ч	ч	[tʃ]	чъ́	チュ
Ш	ш	[ʃ]	шъ́	シュ
Щ	щ	[ʃt]	щъ́	シュトゥ
Ъ	ъ	[ə]	ер голя́м	エル・ゴリャム（大きなエル）
Ь	ь		ер ма́лък	エル・マーラック（小さなエル）
Ю	ю	[ju]	ю́	ユ
Я	я	[ja]	я́	ヤ

●筆記体

Аа Бб Вв Гг Дg Ее Жж Зz Ии Йй

Кк Лл Мм Нн Оо Пп Рр Сс Тт Уу

Фф Хх Цц Чч Шш Щщ Ъъ ьь Юю Яя

♪筆記体は、活字体と見た目がかなり異なるものもありますが、町中の看板など、日常生活でもしばしば目にしますので、知っておく必要があります。

1.1. 母音

母音字は、а, о, у, ъ, е, и, я, юの8つあります。このうち я と ю は а と у の前にそれぞれ й（短い[イ]）が添えられた音を表します（я = йа、ю = йу）。

ъは、曖昧母音とも呼ばれる音で、日本語の[ア]の発音に比べて口の開きをやや狭め、はっきりと発音しないとこれに近い音が出ます。

уは、日本語の[ウ]よりも唇を突き出してはっきりと発音します。юも同様に日本語の[ユ]より唇を突き出してはっきりと発音します。

それ以外の母音字はおおむね日本語の発音と同じと考えて構いません。

> ♪例外的にаの文字を使って[ъ]と読ませることがあります（同様にяで[йъ]と読ませることもあります）。съм動詞3人称複数形са（[съ]と発音する）のほか、一部の動詞の現在形の語尾（☞3課、4課）や男性の後置冠詞形（☞7課）などがそれにあたります。e.g. четá [четъ́]（私は）読む、градá [градъ́] その町（後置冠詞形）

1.2. 子音

ブルガリア語では、声帯振動を伴わない**無声子音**と、声帯振動を伴う**有声子音**が区別されます。無声子音と有声子音でペアになるものもあれば、どちらか一方しかないものもあります。

グループ	(イ)								(ロ)	(ハ)			
無声	п	ф	к	т	с	ш	ц	ч	х	—	—	—	—
有声	б	в	г	д	з	ж	дз	дж	—	м	н	л	й

п, бは、それぞれ日本語の[パ]、[バ]の子音と同じ音を表します。

ф, вは、それぞれ英語の[f]、[v]と同じ音を表します。

к, гは、それぞれ日本語の[カ]、[ガ]の子音と同じ音を表します。

т, дは、それぞれ日本語の[タ]、[ダ]の子音と同じ音を表します。

с, зは、それぞれ英語の[s]、[z]と同じ音を表します。

жは、英語のvision「視覚」に出てくる[ʒ]と同じ音を表します。

шは、英語のshop「店」におけるshでつづられる子音[ʃ]と同じ音を表します。

цは、日本語の[ツ]の子音と同じ音を表します。

чは、英語のchurch「教会」におけるchでつづられる子音[tʃ]と同じ音を表します。

2文字を重ねた дз と дж は、それぞれ[dz]と[dʒ]の1音を表します。それぞれ ц と ч に対応する有声子音です。дз は日本語の[ヅ]の子音と同じ音を表し、дж は日本語で「もんじゃ」と言ったときの[ジ]の子音とおおよそ同じ音を表します。ブルガリア語では、どちらも普通、借用語にのみ見られる音です。

xで表される音は、[k]の発音の構えで呼気を持続的にもらして出る摩擦音が相当します。日本語で「バッ八」と言うときにこの音が出やすいです。

мとнは、それぞれ日本語の[マ]、[ナ]の子音と同じ音を表します。

лは、英語のlessなどの単語に現れる[l]と同じ音を表します。ただし、話し言葉で[w]に近い発音が聞かれることもあります。

рは、"巻き舌"と通称される音で、日本語では乱暴な言い方をするときにラ行でこの音が出ることがあります。舌先を震えさせて出す音です。

щは、шт [ʃt]の子音連続を表す子音字です。

йは、短い[イ]の音を表しますが、ブルガリア語では子音として扱われます。

1.3. エル・マーラック（ь）

エル・マーラック（ь）は記号で、それ自体では音を持ちません。母音字оと組み合わせた「ьо」で、日本語の小さい[ョ]の発音に相当します。子音字の後でしか使わないので語頭に現れることがなく、大文字も普通使いません。

e.g. шо**фьо́**р [ショ**フョ**ル]「運転手」（**фьо**で[フョ]と発音されます）

1.4. 子音の同化

有声子音が無声子音で発音されたり（無声化）、逆に無声子音が有声子音で発音されたり（有声化）することがあります。以下では、つづりに対する実際の発音を[　]内に示します。

①無声化 ― （イ）の有声子音 ⇒ 対応の無声子音
　　　　　条件：語末、または無声子音の前
　e.g. 語末― бо**б** [бо**п**] 豆、но**в** [но**ф**] 新しい、сня**г** [сня**к**] 雪、но́**ж** [но́**ш**] ナイフ
　　　　無声子音の前― усми́**в**ка [усми́**ф**ка] 笑顔、и́**з**ток [и́**с**ток] 東

②有声化 ― 無声子音 ⇒ 対応の有声子音
　　　　　条件：（イ）の有声子音（**в**は除く）の前
　e.g. 有声子音の前― сва́т**б**а [сва́**д**ба] 結婚式、**с**гра́да [**з**гра́да] 建物

複数の単語間でもこのような子音の同化が起こることがあります。最も典型的なのは、前置詞など単独でアクセントを持たない語（☞1.5. アクセント）が、アクセントを持つ語と一続きに発音される場合です。

無声化：бе**з** това́ [бе**с** това́] それなしで、**в** Пари́ж [**ф** Пари́ш] パリで

有声化：**с** Биля́на [**з** Биля́на] ビリャナと一緒に、о**т** града́ [о**д** градъ́] その町から

♪前置詞 **в** は例外で、母音や（ハ）の有声子音の前でも [**ф**] と発音されます。

в апартаме́нт [**ф** апартаме́нт] アパートで、**в М**осква́ [**ф М**осква́] モスクワで

1.5. アクセント

ブルガリア語のアクセントは、英語などと同じ強弱アクセントです。アクセントの置かれる音節（母音）をやや強く発音します。アクセントの位置は語ごとに覚えなくてはなりません。また、語形変化に際して、アクセントの位置が移動することもあるので、要注意です。

本書では、アクセントのある語全てにアクセント記号を振っています。また、フリガナもアクセントのある所を太字にして示しています。

ただし、全ての語がアクセントを持つわけではありません。アクセントを持たない語は、それ単独では発音できず、隣り合う語とまとまって発音されるという特徴があります。例えば、後続する語とまとまって発音される語（後接語）には、前置詞や接続詞、助詞の не や ще、да などがあります。

e.g. **от** Япо́ния オットヤポニヤ 日本から、**Не** зна́м. ネズナム（私は）知らない。

他方、先行する語とまとまって発音されるものは**前接語（エンクリティック）**と呼ばれ、**съм** 動詞の現在形（☞1課）や人称代名詞の短形（☞9課）、疑問の助詞 **ли** などが該当します。これら前接語は、文の中で先行する語がない位置、すなわち文頭に立つことができないという語順上の制約があるので、注意が必要です。

e.g. Бъ́лгарин **съм**. バルガリンサム（私は）ブルガリア人です。

Оби́чам **те**. オビチャムテ（私は）あなたを愛しています。

1.6. я / e の母音交替

語形変化に際して、я⇔e の母音交替を伴う語があります。基本的に以下①あるいは②の条件が満たされるときは **e** となり、それ以外では **я** となります。

①語形変化の結果、後続の音節（母音）が и または e になるとき

б**я**л ビャル（男性単数形）− б**е**ли ベリ（複数形）白い

пр**я**сна プリャスナ（女性単数形）− пр**е**сен プレセン（男性単数形）新鮮な

②語形変化に伴うアクセント移動の結果、当該の母音がアクセントを持たなくなるとき

м**я**сто ミャスト（単数形）− м**е**ста́ メスタ（複数形）場所、席

св**я**т スヴャット（無冠詞）− св**е**тъ́т スヴェタット（後置冠詞形）世界

このような交替が生じる母音は、かつてъ（ヤット）という文字によって表されていた母音に限られ、全てのяあるいはeがこの母音交替を伴うわけではありません。どの語がこの母音交替を伴うかは一つ一つ覚える必要があります。

　これ以外にも、さまざまな音交替が見られますが、単独で覚えるよりは、その引き金となる語形変化と合わせて覚えることが大事です。本書でも、語形変化の説明に際して、可能な限り言及しています。

2. 名詞

2.1. 名詞の性

　名詞には、男性・女性・中性の3つの性があります。おおむね語末でどの性に属するか判断できますが、例外もあります（以下に少しだけ挙げます）。

	男性　той	女性　тя	中性　то́
原則	**語末が子音** ези́к エズィク　言語 гра́д グラット　町	**語末が -а, -я** ра́бота ラボタ　仕事 вече́ря ヴェチェリャ　夕食	**語末が -о, -е** се́ло セロ　村 вре́ме ヴレメ　時間
例外	**語末が母音** ・自然性が男性 баща́ バシタ　父 дя́до デャド　祖父 ・月の名称（-и 終わり） януа́ри ヤヌアリ　1月 ・その他 съди́я サディヤ　裁判官	**語末が子音** ・-ост で終わる抽象名詞 ра́дост ラドスト　喜び ・その他 по́мощ ポモシト　助け ве́чер ヴェチェル　夕方 но́щ ノシト　夜 е́сен エセン　秋	**借用語（-и, -у, -ю など）** такси́ タクスィ　タクシー бижу́ ビジュ　宝飾品 меню́ メニュ　メニュー

2.2. 複数形

　複数形の形成法は以下の通りです。

		単数形	語末	複数形語尾	複数形
男性名詞	単音節	пла́н プラン　計画 но́ж ノシ　ナイフ гра́д グラット　町	子音	**-ове**	пла́нове プラノヴェ ножо́ве ノジョヴェ градове́ グラドヴェ
		бо́й ボィ 戦闘	-й → —	**-еве**	боеве́ ボエヴェ
	多音節	прия́тел プリヤテル　友人	ほとんどの子音	**-и**	прия́тели プリヤテリ
		музе́й ムゼイ　博物館	-й → —		музе́и ムゼイ
		пра́зник プラズニク　祝日	-к → -ц		пра́зници プラズニツィ
		катало́г カタログ　カタログ	-г → -з		катало́зи カタロズィ
		мона́х モナフ　修道士	-х → -с		мона́си モナスィ
		бъ́лгарин バルガリン	-ин → —		бъ́лгари バルガリ
		баща́ バシタ　父	-а, -я → —		бащи́ バシティ

	単数形	語末	複数形語尾	複数形
女性名詞	тóрта トルタ （ホール）ケーキ лéкция レクツィヤ 講義 вéчер ヴェチェル 夕方	-а -я 子音	-и	тóрти トルティ лéкции レクツィイ вéчери ヴェチェリ
中性名詞	вúно ヴィノ ワイン сърцé サルツェ 心 учúлище ウチリシテ 学校	-о -це -ще	-а	винá ヴィナ сърцá サルツァ учúлища ウチリシタ
	кафенé カフェネ カフェ таксú タクスィ タクシー	-е -и, -у, -ю	-(е)та	кафенéта カフェネタ таксúта タクスィタ
	мнéние ムネニエ 意見	-ие	-я	мнéния ムネニヤ

●男性名詞

男性名詞の複数形語尾は、単音節語は **-ове (-еве)**、多音節語は **-и** です。

- 単音節語には、アクセント移動を起こすものがあるほか、その際に **я → е** の母音交替を伴うものもあります。цвя́т ツヴァット – цветовé ツヴェトヴェ 色
- 複数形語尾 **-и** の前で、次のような語末子音の交替を起こす語があります（**к → ц、г → з、х → с**）。ただし、特に後者２つの子音交替は適用されない語も多少あります。мúтинги ミティンギ 集会、успéхи ウスペヒ 成功
- 変化に際して、最終音節の ъ や е が脱落することがあります。
  теáтър テアタル – теáтри テアトリ 劇場、япóнец ヤポネッツ – япóнци ヤポンツィ 日本人

♪例外
①単音節語で、-ове 以外の語尾を持つ語
- **-и** дéн デン – дни ドゥニ 日、зъ́б ザプ – зъ́би ザビ 歯、гóст ゴスト – гóсти ゴスティ 客、пъ́т* パット – пъ́ти パティ 回、фúлм フィルム – фúлми フィルミ 映画
- **-е** мъ́ж マシュ – мъжé マジェ 男性・夫、кóн コン – конé コネ 馬
- **-а** крáк クラック – кракá クラカ 足、нóмер ノメル – номерá ノメラ 番号
- **-я** брáт ブラット – брáтя ブラテャ 兄弟
- **-ища** пъ́т* パット – пъ́тища パティシタ 道、съ́н サン – съ́нища サニシタ 眠り・夢
  * пъ́т には、「回」と「道」の２つの意味があり、それぞれ複数形（および個数形）が異なります。
②多音節語で、**-ове** の語尾を持つ語
   цéнтър ツェンタル – цéнтрове ツェントロヴェ 中心、センター
③ **-овци** の語尾を持つ語
   дя́до デャド – дя́довци デャドフツィ 祖父、чúчо チチョ – чúчовци チチョフツィ おじ
④その他 човéк チョヴェック – хóра ホラ 人

●女性名詞

女性名詞の複数形語尾は、**-и** です。
- 最終音節の ъ や е が脱落することがあります。пéсен ペセン – пéсни ペスニ 歌

♪例外
ръкá ラカ – ръцé ラツェ 手・腕、овцá オフツァ – овцé オフツェ 羊

文
法
編

●中性名詞

中性名詞の複数形語尾は大きく分けて3種類あります。単数形の語末によって、どの語尾になるかが決まります。

- 語末が -о の中性名詞の複数形語尾は **-а** で、アクセントが語尾に移動します（ただし、-ство で終わるものは除く。e.g. семе́йство → семе́йства 家族）。-це, -ще で終わる名詞も同じ複数形語尾ですが、アクセント移動はありません。
- 語末が -е の中性名詞（-це, -ще, -ие を除く）の複数形語尾は **-ета** です。借用語（-и, -у, -ю で終わる）については、**-та** を複数形語尾とします。
- 語末が -ие の中性名詞の複数形語尾は、**-я** です。

　♪例外
　① -ме で終わる語
　　и́ме イメ – имена́ イメナ 名、вре́ме ヴレメ – времена́ ヴレメナ 時（複数形で「時代」）
　②身体語彙
　　око́ オコ – очи́ オチ 目、ухо́ ウホ – уши́ ウシ 耳、ра́мо ラモ – рамене́* ラメネ 肩、коля́но コリャノ – колене́* コレネ 膝　　*рамена́, колена́という形もあります。
　③その他
　　дете́ デテ – деца́ デツァ 子供、цве́те ツヴェテ – цветя́ ツヴェチャ 花、чу́до チュド – чудеса́ チュデサ 奇跡、дърво́ ダルヴォ – дърве́та ダルヴェタ 木

2.3. 個数形

男性名詞（人間以外を表す場合）は、基数詞（1を除く）、ко́лко「いくつ」、ня́колко「いくつか」と結び付くとき、**-а**（-й で終わる名詞は**-я**）の語尾の個数形になります。合成数詞なら、еди́нの後でも個数形になります。

град → два́ гра́да ドゥヴァ グラダ、музе́й → два́ музе́я ドゥヴァ ムゼヤ
два́йсет и еди́н ле́ва ドゥヴァイセット イエディン レヴァ　21レフ < ле́вレフ

　♪例外
　・де́н「日」は個数形де́наの代わりに、複数形дни́も特別に使えます。
　・пъ́т は「道」の意味ではпътя́、「回」の意味ではпъти́になります。
　　два́ пъ́тя ドゥヴァ パチャ　2つの道　／　два́ пъ́ти ドゥヴァ パティ　2回

2.4. 後置冠詞形

ブルガリア語では、英語などの定冠詞に相当するものが、名詞の語末に分かち書きせずに後置されます。これを後置冠詞形と呼びます。文脈の中ですでに話題になったり、目の前にあったりすることで、話し手と聞き手の双方が具体的な指示対象を理解している場合などに用いられます。名詞の性・数などに従って変化します。

	語末	後置冠詞	後置冠詞形 主格形	後置冠詞形 斜格形
男性名詞	ほとんどの子音	-ът, -а*	градъ́т グラダット　町	града́ グラダ
	-й → —	-ят*, -я*	музе́ят ムゼヤット　博物館	музе́я ムゼヤ
	人を表す -тел, -ар		прия́телят プリヤテリヤット　友達 ле́карят レカリヤット　医者	прия́теля プリヤテリヤ ле́каря レカリャ
	上記以外（少数）		деня́т デニャット　日	деня́ デニャ
	-а	-та	баща́та バシタタ　父	
	-о	-то	дя́дото デャドト　祖父	
女性	-а	-та	пока́ната ポカナタ　招待 ле́кцията レクツィヤタ　講義 вечерта́ ヴェチェルタ　夕方	
	-я			
	子音			
中性	-о	-то	се́лото セロト　村 кафене́то カフェネト　カフェ такси́то タクスィト　タクシー	
	-е			
	-и, -у, -ю			
複数形	-а	-та	места́та メスタタ　場所（複数形） мне́нията ムネニヤタ　意見（複数形）	
	-я			
	-и	-те	прия́телите プリヤテリテ　友達（複数形） градове́те グラドヴェテ　町（複数形）	
	-е			

＊ -а, -ят, -я と書きますが、発音はそれぞれ [-ъ]、[-йът]、[-йъ] となります。

●男性名詞

　男性名詞の後置冠詞は、文中での役割に従って**主格形**と**斜格形**があります。主格形は主語の名詞に付く形で、斜格形は主語以外の名詞に付く形です（ただし、話し言葉では主格形と斜格形を区別せず、専ら斜格形を使う傾向にあります）。ほとんどの男性名詞で主格形は **-ът**、斜格形は**-а** です。

• **-ят, -я** の後置冠詞形を持つのは、-й で終わる語または、人を表す接尾辞 -тел, -ар で終わる語です。例外も上記の дéн のほか、わずかにあります。

　пъ́тят パテャット / пъ́тя パテャ　道、ко́нят コニャット / ко́ня コニャ　馬、съня́т サニャット / съня́ サニャ　眠り・夢、о́гънят オガニャット / о́гъня オガニャ　火　など

• 母音で終わる男性名詞の後置冠詞は、語末の母音に従って -та と -то を使い分けます。主格形と斜格形の区別はありません。

• 単音節語には、アクセントが後置冠詞に移るものがいくつかあります。

　ча́с – часъ́т チャサット　時刻、си́н – синъ́т スィナット　息子、мъ́ж – мъжъ́т マジャット　夫、男性。このとき я/е の母音交替を伴うものもあります。

　свя́т – светъ́т スヴェタット　世界、бря́г – брегъ́т ブレガット　岸

●女性名詞・中性名詞

　女性名詞には **-та**、中性名詞には**-то**を付けると後置冠詞形になります。また、子音で終わる女性名詞に限り、アクセントが後置冠詞に移動します。

　но́щ – нощта́ ノシタ　夜、éсен – есента́ エセンタ　秋

●複数形名詞

複数形名詞の後置冠詞形は2通りありますが、性に関係なく、複数形語尾がどの母音で終わるかで決まります。複数形が-а, -яなら**-та**で、-и, -eなら**-те**です。

2.5. 呼格形

ブルガリア語の名詞には、呼びかけに用いる特別な形（呼格形）があります。

	作り方	主格	呼格形
男性	語末に **-e** を付す	Ива́н ィヴァン　イヴァン（男性名）	Ива́не ィヴァネ
女性	-<u>а</u> → -**o**[*]	ма́ма ママ　お母さん	ма́мо マモ
	-ка → -к<u>е</u>	Ива́нка ィヴァンカ　イヴァンカ（女性名）	Ива́нке ィヴァンケ
	-ица → -иц<u>е</u>	госпо́жица ゴスポジツァ　お嬢さん	госпо́жице ゴスポジツェ

＊現代語では、女性名詞の呼格語尾 -o は、人名にはあまり使われません。

- 人名や人を表す普通名詞（単数形）から作られます。ただし、子音で終わる男性名詞と -а (-я) で終わる女性名詞以外は呼格形がありません。
- -ър で終わる語は、呼格形語尾を付けると ъ が脱落します。Пе́тър → Пе́тр**е**
- 男性名詞には、-o や -ю の呼格形語尾を持つものも幾分あります。
  бъ́лгарин**o** バルガリノ　ブルガリア人よ、прия́тел**ю** プリヤテリュ　友よ

3. 形容詞

3.1. 性・数の変化

形容詞は、関係する名詞の性・数に合わせて変化します。辞書の見出し語にもなる男性形は、基本的に**子音**または**-ски**に終わります。

男性　**子音** / -ск**и**	女性　**-а** / -ск**а**	中性　**-o** / -ск**o**	複数　**-и** / -ск**и**
но́в ノフ　新しい	но́в**а** ノヴァ	но́в**o** ノヴォ	но́в**и** ノヴィ
бъ́лгарск**и** ブルガリアの	бъ́лгарск**а**	бъ́лгарск**o**	бъ́лгарск**и**＊
バルガルスキ	バルガルスカ	バルガルスコ	バルガルスキ

＊ -ски タイプの形容詞は、男性単数形と複数形が同形になります。

- 女性で **-а**、中性で **-o**、複数形で **-и** の語尾を付けて変化させます。
- 語尾 -а, -o, -и を付けると、最終音節の ъ や е が脱落する語があります。
  добъ́р – добра́ ドブラ　良い、свобо́ден – свобо́дна スヴォボドナ　自由な
- 複数形語尾 -и の前で、я → е の交替があるものがあります。
  бял – бе́ли ベリ　白い、голя́м – голе́ми ゴレミ　大きい
- 「母音＋ -ен」で終わる形容詞には、変化に際して e が й に変わるものがあります。
  кра́**e**н クラエン – кра́**й**на クライナ、-**й**но, -**й**ни　端の
- си́н「青い」は特別な変化です。си́н スィン、си́**ня** スィニャ、си́н**ьо** スィニョ、си́н**и** スィニ

3.2. 後置冠詞形

名詞が形容詞を伴うときは、名詞ではなく形容詞の方を後置冠詞形にします。形容詞の後置冠詞形は、基本的に名詞に付くものと同じです。

男性		女性 **-та**	中性 **-то**	複数 **-те**
主格形 **-(и)ят**	斜格形 **-(и)я**			
но́вият ノヴィヤット	но́вия ノヴィヤ	но́вата ノヴァタ	но́вото ノヴォト	но́вите ノヴィテ
бъ́лгарският	бъ́лгарския	бъ́лгарската	бъ́лгарското	бъ́лгарските
バルガルスキヤット	バルガルスキヤ	バルガルスカタ	バルガルスコト	バルガルスキテ

- 男性の後置冠詞形は、名詞と同様に**主格形**と**斜格形**が区別され、使い分けも同じです。子音で終わる形容詞に限り、男性形で -ят, -я の前に **и** を挟みます。
- 女・中・複数形でъや е の脱落があるものは、男性の後置冠詞形でも脱落します。добри́ят ドブリヤット / добри́я ドブリヤ（< добъ́р ドバル　良い）
- 複数形語尾 и の前で я → е の交替があるものは、男性の後置冠詞形 -ия(т) の前でも同じ母音交替が生じます。бе́лият ベリヤット / бе́лия ベリヤ（< бял ビャル 白い）
- 複数の形容詞が１つの名詞にかかるときは、最初だけが後置冠詞形になります。

3.3. 比較級・最上級

形容詞の比較級は **по́-** を、最上級は **на́й-** を付すだけで作られます。по́- と на́й- はどちらもアクセントを持ち、短いハイフン（-）で形容詞につなげて書きます（по́-нов, на́й-нов）。比較級・最上級の形容詞は、性・数の変化をするほか、後置冠詞形をとることもあります。e.g. по́-нова ポノヴァ、на́й-но́вият ナイノヴィヤット　など

- мно́го「多い」の最上級は規則通り作られますが、比較級は特別な形を持ちます。原級 мно́го ムノゴ、**比較級 по́вече** ポヴェチェ、最上級 на́й-мно́го ナイムノゴ
- 比較の対象（〜より）は、**от** で表します。
  Со́фия е по́-ма́лка **от** То́кио.　ソフィアは東京よりも小さい。
  ソフィヤエ　**ポ マ**ルカ　オット**キ**オ
- 比較の対象となる語句が、前置詞句のときは、**отко́лкото** を使います（отко́лкото の前にコンマを置く）。
  В Со́фия е по́-то́пло, **отко́лкото** в То́кио.　ソフィアは東京よりも暖かい。
  フソフィヤエ　**ポ ト**プロ　オット**コ**ルコト フ**キ**オ
- 最上級は、ほかとの比較ではなく、程度が極めて高いことを示す場合（いわゆる絶対最上級）にも使えます。ただし、このときは後置冠詞形にしません。
  Ще се въ́рна в на́й-ско́ро вре́ме.　できる限りすぐ帰ります。
  シテセ**ヴァ**ルナ　フナイス**コ**ロ　**ヴ**レメ

4. 副詞

　副詞の多くは形容詞から作られます。その大半は、**中性形**から作られるため、-o で終わります。ただし、-e で終わるものも少数あります。

　〔形〕хýбав フバフ　きれいな、良い → 〔副〕хýбаво フバヴォ　きれいに、上手に добрé ドブレ　良く、злé ズレ　悪く、твЪ́рде トヴァルデ　非常に

- -ски の形容詞はそのままで副詞としても使えます。
  прия́телски プリヤテルスキ　友好的に、техни́чески テフニチェスキ　技術的に
- 形容詞以外を語源とする副詞も少なくありませんので、一つ一つ覚えていく必要があります。вкЪ́щи フカシティ　家で、тáм タム　あそこに、ýтре ウトレ　明日
- 副詞は原則として不変化ですが、比較級・最上級の形を持つ副詞もあります。作り方は形容詞と同じで、比較級は **пó-** を、最上級は **нáй-** を付します。
  пó-добрé ポ ドブレ、нáй-добрé ナイ ドブレ（< добрé ドブレ　良く）

5. 代名詞

5.1. 人称代名詞・再帰代名詞

　人称代名詞は、主格（～が）、対格（～を）、与格（～に）の形の区別があります。また、対格と与格には、それぞれ長形と短形の区別もあります。また、再帰代名詞は主格の形を欠きます。

　人称代名詞、および再帰代名詞の変化表は次の通りです。男性単数と中性単数は、主格以外の格の各形が共通するため、まとめて示します。

		主格	対格 長形	対格 短形	与格 長形	与格 短形
単数	1人称	áз アス	мéн(е)* メネ(メン)	ме メ	на мéн(е)* ナメネ(ナメン)	ми ミ
	2人称	тú ティ	тéб(е)* テベ(テップ)	те テ	на тéб(е)* ナテベ(ナテップ)	ти ティ
	3人称 男性/中性	тóй トイ / тó ト	нéго ネゴ	го ゴ	на нéго ナネゴ	му ム
	女性	тя́ テャ	нéя ネヤ	я ヤ	на нéя ナネヤ	й** イ
複数	1人称	нúе ニエ	нáс ナス	ни ニ	на нáс ナナス	ни ニ
	2人称	вúе ヴィエ	вáс ヴァス	ви ヴィ	на вáс ナヴァス	ви ヴィ
	3人称	тé テ	тя́х テャフ	ги ギ	на тя́х ナテャフ	им イム
再帰代名詞		—	сéбе си セベスィ	се セ	на сéбе си ナセベスィ	си スィ

　　　　＊1・2人称単数の長形では、最後の母音 е が落ちた形もしばしば用いられます。
　　　　＊＊ й は、右下がりのアクセント記号を振って、接続詞 и と区別します。

●主格
　述語となる動詞の形から主語が分かるため、対比や強調を表す場合を除き、主格形はよく省略されます。3人称単数形は、男・女・中性の3つの形を区別します。

指示対象が人か物かに関係なく、それぞれの性に対応する名詞を指して使います。

2人称複数形は、話し相手を丁寧に指す場合（目上の人や初対面の人）にも用いられます（その場合、文中でも常に**Ви́e**などと大文字で書き始めます）。そのときは複数の人だけでなく、一人の人を指して用いることもできます。また、この用法では、一人の人を指すときも、動詞は常に2人称複数形になります。ただし、述語に形容詞か受動過去分詞が含まれる場合は注意が必要です。これらは実際の数および性に合わせて変化させなくてはなりません。

Ви́e **съгла́сна** ли **сте** с мо́ето мне́ние?　あなた（女性）は、私の意見に賛成ですか？
ヴィエ　サグ**ラ**スナリステ　スモ́エト　ムネ́ニエ

●対格・与格（短形）

短形はアクセントを持たず、先行する語とまとまって発音される前接語です。そのため、先行する語がない文頭には立てません。動詞が文頭のときは動詞の直後に置かれますが、それ以外では動詞の直前に置かれます。

Оби́чам те. オビチャムテ　Áз те оби́чам. アステ オビチャム　私はあなたを愛する。

- 疑問の助詞 **ли** が用いられる場合は、次のような語順になります。

Оби́чаш **ли** ме? オビチャシリメ　（あなたは）私を愛していますか？

- 否定の助詞 **не** が用いられる場合は、短形はアクセントを持ちます。

Не_**тé** оби́чам. ネテ オビチャム　（私は）あなたを愛していません。

- 短形の与格と対格が一緒に用いられるときは、必ず ┃**与格＋対格**┃ の語順で2つの短形がまとまりを成して、動詞に対する語順が変わります。

Да́вам му го. ダ́ヴァムムゴ　Áз му го да́вам. アスムゴ ダ́ヴァム　（私は）彼にそれを与える。

- 与格短形は、**所有の意味**（～の）でも使われます。（☞ 5.3. 所有代名詞）

●対格・与格（長形）

長形はアクセントを持ち、**強調**や**対比**を表すのに用いられます。

Кого́ ча́каш ту́к? コゴ́ チャ́ッカシ トゥ́ク – **Тébe!** テベ́　誰をここで待っているの？－君をだよ！
Ви́кат **мéне**, а не тébe. ヴィ́ッカット メ́ネ アネテベ́　呼ばれているのは私で、君ではない。

- 対格長形は、前置詞と組み合わせる場合にも使います（с нéя 彼女と一緒に）。なお、与格長形は、前置詞 на と対格長形の組み合わせから成ります。

●再帰代名詞

再帰代名詞は、文の主語と同一の人物を指して、「自分自身」を意味します。そのため、主格形がありません。例えば、以下では тóй = сébe си。

Тóй оби́ча сébe си. トィ オビ́チャ セベ́スィ　彼は自分自身を愛している。
Тóй се ядо́сва на сébe си. トィ セ ヤ́ドスヴァ ナセベ́スィ　彼は自分に怒っている。

- また、短形は動詞と結び付いて ce 動詞を形成します（☞ p.36、76）。
- 再帰代名詞の与格短形 си は、人称代名詞の与格短形と同様に、所有を表し「自分自身の」の意味でも使います。（☞ 5.3. 所有代名詞）

5.2. 指示代名詞

　指示代名詞は、物や事を指し示して「この」「あの」を意味します。関係する名詞の性・数に合わせて以下のように変化します。

	男性	女性	中性	複数
この	тóзи トズィ тóя トヤ	тáзи タズィ тáя タヤ	товá トヴァ (тýй トゥイ)	тéзи テズィ тúя ティヤ
あの	óнзи オンズィ óня オニャ	онáзи オナズィ онáя オナヤ	оновá オノヴァ (онýй オヌゥイ)	онéзи オネズィ онúя オニヤ

- 上段に示した形は書き言葉でも話し言葉でも広く用いられる最もニュートラルな形です。一方、下段に示した形は書き言葉でも使われますが、幾分口語的な形です（中性形の тýй, онýй は、あまり使われません）。ただし、両者の間で意味の違いはありません。
- товá は、съм 動詞と共に「これ／これらは～です」の意味で用いることもできます。このときの товá は不変化で、指示対象の人や物を表す名詞の性・数に関係なく使えます。
　Товá са пъ́ржени рúбки. トヴァサ パルジェニ リブキ　これは小魚のフライです。
- このほか、性質や程度を表す **такъ́в**「このような」や数量などを表す **тóлкова**「それほどの」もあります。形容詞的に用いられる такъ́в は、修飾する名詞の性・数に従い、女性 такáва、中性 такóва、複数 такúва と変化します。一方、тóлкова は不変化です。
　Ѝскам **такáва** чáнта. イスカム タカヴァ チャンタ　このようなカバンが欲しい。
　Ѝскам **тóлкова** мнóго парѝ. イスカム トルコヴァ ムノゴ パリ　それほど多くの金が欲しい。

5.3. 所有代名詞

　所有代名詞は、「私の」などを意味し、名詞を修飾します。**長形**と**短形**があり、長形は名詞の前に置いて、その名詞の性・数に合わせて変化します。変化に際して音交替するものがあります（нéин と тéхен）。短形は、人称代名詞・再帰代名詞の与格短形（☞ 5.1. 人称代名詞・再帰代名詞）と同形で不変化です。

	長形				短形
	男性	女性	中性	複数	
1人称	мóй モイ	мóя モヤ	мóе モエ	мóи モイ	ми ミ
2人称	твóй トゥヴォイ	твоя́ トゥヴォヤ	твóе トゥヴォエ	твóи トゥヴォイ	ти ティ
3人称 男性／中性	нéгов ネゴフ	нéгова ネゴヴァ	нéгово ネゴヴォ	нéгови ネゴヴィ	му ム
女性	нéин ネイン	нéйна ネイナ	нéйно ネイノ	нéйни ネイニ	й イ
1人称	наш ナシュ	наша ナシャ	наше ナシェ	наши ナシ	ни ニ
2人称	ваш ヴァシュ	ваша ヴァシャ	ваше ヴァシェ	ваши ヴァシ	ви ヴィ
3人称	тéхен テヘン	тя́хна テャフナ	тя́хно テャフノ	тéхни テフニ	им イム
再帰	свóй スヴォイ	своя́ スヴォヤ	свóе スヴォエ	свóи スヴォイ	си スィ

●長形

　長形は、主に**強調**や**対比**に用いられるほか、単独で「〜のもの」の意味で用いることもできます（その場合は後置冠詞形になりません）。

Харéсва ми **твóето** кýче. ハレスヴァミ トゥヴォエト クチェ 私が気に入っているのは君の犬だ。
Тáзи колá е **мóя**. タズィ コラエ モヤ　この車は私のものです。

- 形容詞と同じ後置冠詞形を持ち、男性は主格／斜格の区別もあります。

мóят/мóя, мóята, мóето, мóите　（твóй, свóй も同じ）
нéговият/нéговия, нéговата, нéговото, нéговите（нéин*, наш, ваш も同じ）
тéхният/тéхния, тя́хната, тя́хното, тéхните（母音交替とеの脱落に注意）
　　　　＊ нéин の後置冠詞形は全て и → й の交替があります (нéйният, нéйната...)

- 2人称複数形は、目上の話し相手を丁寧に指す場合、語頭の в を文中の位置に関わらず大文字で書きます。Ваш, Ваша, Ваше, Ваши, Ви

- 再帰形の свóй「自分自身の」は、主語以外の語に添えて使います。1人称・2人称が主語のときは再帰形でない所有代名詞長形と入れ替えが可能ですが、3人称が主語のときは入れ替えができず、異なった意味になります。

Аз обúчам **свóята / мóята** мáйка.　私は自分の（＝私の）母を愛しています。
アス オビチャム スヴォヤタ／モヤタ　マイカ

Тóй обúча **свóята** мáйка.　彼は自分の母を愛しています。
トイ　オビチャ スヴォヤタ マイカ

Тóй обúча **нéговата** мáйка.　彼は（誰か別の）彼の母を愛しています。
トイ　オビチャ ネゴヴァタ　マイカ

●短形

　後置冠詞形の名詞の後ろに置かれます。形容詞を伴う場合には、**後置冠詞形の形容詞の後ろ**に置かれ、名詞はさらにその後ろに置かれる語順になります。

съсéдка<u>та</u> **ни** 私たちの隣人女性、добрá<u>та</u> **ни** съсéдка 私たちの良き隣人女性

- 親族名称の語彙は、мъж「夫」と син「息子」を除き、形容詞を伴わない単数形では後置冠詞形になりません。
  бащá **ми** バシタミ 私の父、(cf. синъ́т **ми** スィナットミ 私の息子)
- 再帰形の си「自分自身の」は、主語以外の語に添えて使います。また、主語と所有者が同じ人物のときは、基本的に再帰形 си を使わなくてはなりません。
  Áз мúсля за брáт **си**. アスミスリャ ザブラットスィ 私は自分の兄について考えています。(аз = си)
  3人称のときには、意味が変わってきてしまうため特に注意が必要です。
  Тóй мúсли за брáт **си**. トイ ミスリ ザブラットスィ 彼は自分の兄について考えています。
  Тóй мúсли за брáт **му**. トイ ミスリ ザブラットム 彼は(誰か別の)彼の兄について考えています。

5.4. 疑問代名詞

疑問代名詞は、文法上のふるまいをもとに、①〜③の3グループに分かれます。

① 名詞的	誰	主格	кóй コイ
		斜格	когó コゴ
	何		каквó カクヴォ
② 形容詞的	どの		кóй コイ、коя́ コヤ、коé コエ、кóй コイ
	どのような		какъ́в カカフ、каквá カクヴァ、каквó カクヴォ、каквú カクヴィ
	誰の		чúй チイ、чия́ チヤ、чиé チエ、чúй チイ
③ 副詞的	どこ		къдé カデ
	いつ		когá コガ
	どのように		кáк カク
	どのくらい、いくつ		кóлко コルコ
	なぜ		защó ザシト

- ①の кóй は主格形 кóй と斜格形 когó を区別します。(ただし、話し言葉ではもっぱら主格形を用いる傾向があります)。また、指示対象の性・数が明確な場合は、それに合わせて коя́, коé, кóй と変化します。**Коя́** е тя́?　彼女は誰？
- ②のグループの кóй「どの」、какъ́в「どのような」、чúй「誰の」は、関係する名詞の性・数に従って変化します。ただし、「誰の」を表すためには、чúй の代わりに、**на когó** という形の方がよく使われます。
  Чия́ е тáзи чáнта?　=　**На когó** е тáзи чáнта? このカバンは誰のですか？
  チヤエ　タズィ チャンタ　　　　ナコゴエ　　タズィ チャンタ

5.5. 否定代名詞・不定代名詞

否定代名詞は疑問代名詞に ни- を、不定代名詞は疑問代名詞に ня- (не-)を付すことで形成されます。ただし、нúщо, нéщо は、疑問代名詞 щó から作られます

（現代語でщó「何」はкаквóに取って代わられ、普通使いません）。

			否定代名詞 ни-	不定代名詞 ня- (не-)
①名詞的	誰	主格	ни́кой ニコイ 誰も～ない	ня́кой ニャコイ 誰か
		斜格	ни́кого* ニコゴ	ня́кого* ニャコゴ
	何		ни́що ニシト 何も～ない	не́що ネシト 何か
②形容詞的	どの		ни́кой ニコイ、 ни́коя ニコヤ、 ни́кое ニコエ、 ни́кои ニコイ どの～もない	ня́кой ニャコイ、 ня́коя ニャコヤ、 ня́кое ニャコエ、 ня́кои ニャコイ ある、どれかの
	どのような		ни́какъв ニカカフ、 ни́каква ニカクヴァ ни́какво ニカクヴォ、 ни́какви ニカクヴィ どんな～もない	ня́какъв ニャカカフ、 ня́каква ニャカクヴァ、 ня́какво ニャカクヴォ、 ня́какви ニャカクヴィ なんらかの
③副詞的	どこ		ни́къде ニカデ どこにも～ない	ня́къде ニャカデ どこか
	いつ		ни́кога ニコガ どんな時も～ない	ня́кога ニャコガ いつか
	どのように		ни́как ニカク どのようにも～ない	ня́как ニャカク なんとか
	いくつ		ни́колко ニコルコ １つも～ない	ня́колко ニャコルコ いくつか

*話し言葉では、しばしば主格形で代用されます。

- 否定代名詞が用いられる場合、述語の動詞は必ず否定形になります。
  Не и́скам **ни́що**. ネイスカム ニシト （私は）何も欲しくない。
- ни́що と не́що に形容詞などが付く場合には、中性形にして後置させます。
  не́що вку́сно ネシト フクスノ 何か美味しいもの

5.6. 関係代名詞

関係代名詞は、従属節（＝関係代名詞節）によって名詞（＝先行詞）を修飾します。先行詞の性・数に応じて以下のように変化します。

	男性	女性	中性	複数
主格	ко́йто コイト	коя́то コヤト	кое́то コエト	ко́йто コイト
斜格（人間）	кого́то コゴト			

- 男性だけ斜格形があり、従属節中で主語以外の役割を果たしているときに使います。ただし、先行詞が人間を指すときにしか使いません。
  Това́ е чове́кът, за **кого́то** ти гово́рих вче́ра. こちらが、昨日君に話した人です。
  トヴァエ チョヴェカット ザコゴトティ ゴヴォリフ フチェラ

  cf. Това́ е рестора́нтът, за **ко́йто** ти гово́рих вче́ра. これが昨日君に話したレストランです。
- 関係代名詞に導かれる従属節は、コンマによって主節との境界を明示します。
- これ以外も、疑問代名詞に -то を付して、さまざまな関係詞を作れます。特に、кога́то「～するとき」、защо́то「～なので」は接続詞としてもよく使います。

5.7. その他の代名詞

毎〜、各々の (every)	все́ки フセキ、вся́ка フスャカ、вся́ко フスャコ、все́ки フセキ
全ての、全員 (all)	вси́чки フスィチキ
全部 (everything)	вси́чко フスィチコ
全体の (whole)	цял ツャル、ця́ла ツャラ、ця́ло ツャロ、це́ли ツェリ
自身 (-self)	сам サム、сама́ サマ、само́ サモ、сами́ サミ

- все́ки は、単数形の名詞と結び付いて形容詞的に「毎〜、各々の」の意味で用います。一方、複数形の все́ки は、数詞を伴う名詞（複数形または個数形）との組み合わせで用いられます（все́ки пет мину́ти 5分ごと）。
  Вся́ка ра́бота е ва́жна. フスャカ ラボタエ ヴァジュナ　どんな仕事も重要です。
- вси́чки は、複数形名詞と結び付いて「全ての〜」を意味しますが、単独で名詞的に用いると人を指して「全員」の意味で使うこともできます。
  Вси́чки (студе́нти) са тук. フスィチキ ストゥデンティサ トゥック 全員（の学生）がここにいます。
- вси́чко は、物を指す場合に用いられ、「全部」を意味します。
- цял は、形容詞と同じように用いて「全体の〜」を意味します。形容詞と同じ後置冠詞形も持ちます。ただし、я/е の交替に注意が必要です。це́ли; це́лият
- сам は、主語の性・数に合わせ変化し、「自身で、一人で」を意味します。
  Ба́ба ми живе́е **сама́**. ババミ ジヴェエ サマ　私の祖母は一人で暮らしています。

6. 数詞

6.1. 基数詞

　基数詞は次の通りです。（　）内に示されているのは、公式文書などに限って用いることがある形です。一般的にはもう一方の形の方が広く使われます。

1	男 еди́н エディン、女 една́ エドナ、中 едно́ エドノ	2	男 два ドゥヴァ、女・中 две ドゥヴェ
3	три トリ	4	че́тири チェティリ
5	пет ペット	6	шест シェスト
7	се́дем セデム	8	о́сем オセム
9	де́вет デーヴェット	10	де́сет デーセット
11	едина́йсет (едина́десет) エディナイセット　エディナデセット	12	двана́йсет (двана́десет) ドゥヴァナイセット　ドゥヴァナデセット
13	трина́йсет (трина́десет) トリナイセット　トリナデセット	14	четирина́йсет (четирина́десет) チェティリナイセット　チェティリナデセット
15	петна́йсет (петна́десет) ペトナイセット　ペトナデセット	16	шестна́йсет (шестна́десет) シェストナイセット　シェストナデセット

17	седемнайсет (седемнадесет) セデムナイセット セデムナデセット	18	осемнайсет (осемнадесет) オセムナイセット オセムナデセット
19	деветнайсет (деветнадесет) デヴェトナイセット デヴェトナデセット	20	двайсет (двадесет) ドゥヴァイセット ドゥヴァデセット
30	трийсет (тридесет) トリィセット トリデセット	40	четирийсет (четиридесет) チェティリィセット チェティリデセット
50	петдесет ペットデセット	60	шейсет (шестдесет) シェイセット シェストデセット
70	седемдесет セデムデセット	80	осемдесет オセムデセット
90	деветдесет デヴェトデセット	100	сто スト
1,000	хиляда ヒリャダ	1,000,000	милион ミリオン

- 1と2を表す基数詞に限り、結合する名詞の性によって異なる形があり、1には男・女・中性の3つの形が、2には男性と女／中性の2つの形があります。
  един стол エディン ストル 1脚の椅子／ **два** стола ドゥヴァ ストラ 2脚の椅子
  една книга エドナ クニガ 1冊の本／ **две** книги ドゥヴェ クニギ 2冊の本
  едно писмо エドノ ピスモ 1通の手紙／ **две** писма ドゥヴェ ピスマ 2通の手紙
- また、1には едни という複数形もあり、複数形しか持たない語などと共に用いられることがあります。едни дънки エドニ ダンキ 1本のジーンズ
- 1、2、3…と数えるときは、中性形を使って、едно, две, три… と言います。
- 200 は двеста、300 は триста です。400～900までは、基数詞4～9に -стотин を付けることで作られます (четиристотин, петстотин, шестстотин…)。
- 基数詞を組み合わせる場合（合成数詞）、最後の数詞の前に и を入れます。
  127 – сто двайсет <u>и</u> седем、1990 хиляда деветстотин <u>и</u> деветдесет
- 1,000 の хиляда は хиляди という複数形を持ちます。2,000 以降は、合成数詞で表します。例えば、2,000 は две хиляди、10,000 は десет хиляди です。
- 基数詞は、形容詞と同じ後置冠詞形を持ちます。1 は еди**ният/-ия**, една**та**, едно**то**、2 は два**та**, две**те**、3 は три**те** です。4以降は900までアクセントを持った -т**е** をとり、четири**те**, пет**те**… のようになります。ただし、200 は две**стата**、300 は три**стата** という形もあります。1000 は хиля**дата** です。
- ゼロは нула です。

6.2. 男性人間形

　基数詞の2～6に限り、**人間を表す男性名詞**とだけ結び付く**男性人間形**があります。基数詞に **-(й)ма** を付けることで作られます。後置冠詞形は -та です。

	基数詞	男性人間形	後置冠詞形
2	двá	двáма ドゥヴァマ	двáмата ドゥヴァマタ
3	трѝ	трѝма トリマ	трѝмата トリマタ
4	чѐтири	четирѝма チェティリマ	четирѝмата チェティリマタ
5	пѐт	петѝма ペティマ	петѝмата ペティマタ
6	шѐст	шестѝма シェスティマ	шестѝмата シェスティマタ

- 男性人間形の数詞と結合する男性名詞は複数形になります。
  двáма приятели ドゥヴァマ プリヤテリ 2 人の友達
  （人間以外の男性名詞は、基数詞と結び付くと個数形になります）
- човѐк「人」は、複数形 хóра ではなく、特別な個数形 **дýши** を使います。しか
  し、話し言葉ではしばしば човѐка という形も用いられます。
  двáма **дýши** ドゥヴァマ ドゥシ（＝ двáма човѐка）2 人
- 合成数詞でも、必要に応じて男性人間形を使います。двáйсет и **двáма** 22 人
- 4〜6 の男性人間形は、2、3 と比べて使われる頻度はやや低いです。代わりに、
  しばしば普通の基数詞を用います。пѐт дýши, шѐст студѐнти

6.3. 序数詞

　序数詞は、「〜番目」というように順序を表しますが、そのふるまいは形容詞と
同じです。名詞の性・数に合わせて -a, -o, -и の語尾を付けて変化します。1〜4 は
特別な形を持ちますが、5〜90 は基数詞に -и を付けて作られます（ただし、е が脱
落する сѐдми と óсми、アクセントが移動する девѐти, десѐти に注意）。

	男性	女性	中性	複数
1	пъ̀рви* パルヴィ	пъ̀рва パルヴァ	пъ̀рво パルヴォ	пъ̀рви パルヴィ
2	вторѝ フトリ	вторá フトラ	вторó フトロ	вторѝ フトリ
3	трѐти トレティ	трѐта トレタ	трѐто トレト	трѐти トレティ
4	четвъ̀рти チェトヴァルティ	четвъ̀рта チェトヴァルタ	четвъ̀рто チェトヴァルト	четвъ̀рти チェトヴァルティ
5	пѐти ペティ	пѐта ペタ	пѐто ペト	пѐти ペティ
100	стóтен ストテン	стóтна ストトナ	стóтно ストトノ	стóтни ストトニ
1000	хѝляден ヒリャデン	хѝлядна ヒリャドナ	хѝлядно ヒリャドノ	хѝлядни ヒリャドニ

＊ пръв プラフ という別形もあります。

- 合成数詞は最後の位だけを序数詞にします。стó двáйсет и **пъ̀рви** 121 番目
- 形容詞と同じ後置冠詞形を持ちます。пъ̀рв**ия(т)** パルヴィヤ（ット）пъ̀рв**ата** パルヴァタ …

7. 動詞

7.1. 直説法現在

　現在形は、不完了体動詞から作られ、発話時点に進行中の動作や状態、習慣など
を表します。このほか、場合によっては、確定的な近接未来や歴史上の出来事を表
すこともできます。

　完了体動詞が現在形で用いられるのは、原則として助詞 **да** の後（= **да** 構文）や、
когáто「～するとき」、**акó**「もし～ならば」などの接続詞によって導かれた従属
節中に限られます（cf. p.60）。

　動詞は、主語の人称・数に応じて変化します。**съм** 動詞を除き、現在形の語尾を
変えることで変化します。語尾以外の部分（= 語幹）は変化しません。動詞には3
つの変化タイプがあります。また、ブルガリア語の動詞には不定形がありませんか
ら、現在1人称単数形が辞書の見出し語となります。

　以下に、**съм** 動詞、第一、第二、第三変化動詞の現在形をそれぞれまとめます。

文

法

編

● **съм** 動詞の現在形

　съм 動詞の現在形はアクセントを持たず、先行する語とまとまって発音されます
（= 前接語）。そのため、先行する語がない文頭には立てません。

	単数	複数
1人称	áз съм アッサム　私は～です	нíе сме ニエスメ　私たちは～です
2人称	тú си ティスィ　君は～です	вíе сте ヴィエステ　君たちは～です あなた（方）は～です
3人称 男性	тóй е トィエ　彼は～です、それは～です	тé са* テサ　彼らは～です
3人称 女性	тя́ е チャエ　彼女は～です、それは～です	
3人称 中性	тó е トェ　それは～です	* [съ] と発音されます。

- 否定形は、否定の助詞 **не** を **съм** 動詞の前に置いて作ります。**съм** 動詞現在形
  がアクセントを持ち、**не** とひとまとまりに発音されます。**не съм** ネサム

- 疑問形は、疑問の助詞 **ли** を使い、 ли + съм 動詞 を聞きたい語の後ろに置く
  ことで作ります。Япóнец ли си ? ヤポネッツリスィ　君は日本人ですか？

● 第三変化動詞（a 変化）の現在形

　第三変化動詞は、現在語幹（= 語尾を取り去った部分）が **a**（一部の動詞で **я**）
で終わります（= a 変化動詞）。この a は、語幹と語尾を結び付ける役割を果たす母
音で、第三変化動詞では全ての形に付きます。

		и́мам イマム 持っている	разгова́рям ラズゴヴァリャム おしゃべりする	語尾
単数	1人称	и́мам イマム	разгова́рям ラズゴヴァリャム	-м
	2人称	и́маш イマシ	разгова́ряш ラズゴヴァリャシ	-ш
	3人称	и́ма イマ	разгова́ря ラズゴヴァリャ	—
複数	1人称	и́маме イマメ	разгова́ряме ラズゴヴァリャメ	-ме
	2人称	и́мате イマテ	разгова́ряте ラズゴヴァリャテ	-те
	3人称	и́мат イマット	разгова́рят ラズゴヴァリャット	-т

- 見出し語となる1人称単数形が、唯一 -м で終わるため、第一・第二変化動詞（-я または -а で終わる）から容易に区別できます。
- 否定形は動詞の前に не を置いて作ります。**не** разгова́рям ネラズゴヴァリャム ただし、и́мам だけは特別な否定形 **ня́мам** を使います。ня́мам, ня́маш...
- 疑問形は、通常、動詞の後ろに ли を置いて作ります。и́маш **ли** イマシリ

Track 76

●第一変化動詞（e 変化）・第二変化動詞（и 変化）の現在形

　第一変化動詞と第二変化動詞の現在形の語尾は共通です。代わりに、語尾の前に添えられる母音が異なります。第一変化動詞は **e** が（= e 変化動詞）、第二変化動詞は **и** が（= и 変化動詞）、1人称単数・3人称複数以外の語尾の前に添えられます。

第一変化動詞		пи́я ピャ 飲む	мо́га モガ できる	母音	語尾
単数	1人称	пи́я ピャ	мо́га モガ	—	-я, -а*
	2人称	пи́еш ピエシ	мо́жеш モジェシ	e	-ш
	3人称	пи́е ピエ	мо́же モジェ	e	—
複数	1人称	пи́ем ピエム	мо́жем モジェム	e	-м
	2人称	пи́ете ピエテ	мо́жете モジェテ	e	-те
	3人称	пи́ят ピャット	мо́гат モガット	—	-ят, -ат*
第二変化動詞		гово́ря ゴヴォリャ 話す	у́ча ウチャ 学ぶ	母音	語尾
単数	1人称	гово́ря ゴヴォリャ	у́ча ウチャ	—	-я, -а*
	2人称	гово́риш ゴヴォリシ	у́чиш ウチシ	и	-ш
	3人称	гово́ри ゴヴォリ	у́чи ウチ	и	—
複数	1人称	гово́рим ゴヴォリム	у́чим ウチム	и	-м
	2人称	гово́рите ゴヴォリテ	у́чите ウチテ	и	-те
	3人称	гово́рят ゴヴォリャット	у́чат ウチャット	—	-ят, -ат*

＊語尾 -я, -а, -ят, -ат の発音はそれぞれ [-йъ], [-ъ], [-йът], [-ът] です。

- 見出し語になる1人称単数形からは、第一変化動詞か第二変化動詞かを判断できませんので、本書ではそれぞれ2人称単数形（-еш か -иш）も併記します。
- 第一変化動詞のうち、1人称単数形が -га, -ка で終わる動詞は、1人称単数・3人称複数以外（母音 e の前）で、**г → ж**、**к → ч** の子音交替が起こります。
мо́[г]а → мо́[ж]еш できる、пе[к]а́ → пе[ч]е́ш 焼く

- -ляз- を語幹に持つ第一変化動詞は、1人称単数・3人称複数以外（母音 e の前）で、-лез- となります（я/e の交替）。вл|я|за → вл|é|зеш 入る
- ям「食べる」と дам「与える」は、1人称単数形だけ特別な形を持つ不規則な第一変化動詞です。1人称単数形以外は яд-, дад- をもとに規則通り変化します。ям, яд**é**ш, яд**é**, яд**é**м, яд**é**те, яд**а**т ／ дам, дад**é**ш, дад**é**, дад**é**м, дад**é**те, дад**а**т

7.2. 直説法未来

　未来形は、完了体動詞と不完了体動詞のどちらからも作ることができ（cf. p.60）、発話時点よりも後に生じる事態や動作を表します。肯定形と否定形で作り方が異なります。肯定形は ще＋動詞の現在形 で、否定形は 無人称動詞 няма ＋ да構文 で形成されます。

		търся タルスャ 探す	
		肯定形	否定形
単数	1人称	ще търся シテタルスャ	няма да търся ニャマ ダタルスャ
	2人称	ще търсиш シテタルスィシ	няма да търсиш ニャマ ダタルスィシ
	3人称	ще търси シテタルスィ	няма да търси ニャマ ダタルスィ
複数	1人称	ще търсим シテタルスィム	няма да търсим ニャマ ダタルスィム
	2人称	ще търсите シテタルスィテ	няма да търсите ニャマ ダタルスィテ
	3人称	ще търсят シテタルスャット	няма да търсят ニャマ ダタルスャット

- 肯定形と否定形で疑問の助詞 ли を置く場所が異なるので注意が必要です。
  Ще търсиш **ли**? シテタルスィシリ ／ Няма **ли** да търсиш? ニャマリ ダタルスィシ
- съм 動詞の未来形では、съм の代わりに **бъда, -еш** を使います。ただし、普通の現在形変化も可能で、両者に意味の違いはありません。
- 代名詞の短形は、肯定形では ще と動詞の間に、否定形では да と動詞の間に置かれます。Ще ти го дам. シテティゴダム ／ Няма да ти го дам. ニャマ ダティゴダム

7.3. 直説法完了過去

　完了過去形は、発話時点から見た過去のある時点で終了した動作を表し、「～した」と訳されます。完了体動詞から作られることが多いですが、不完了体動詞からも作られます（cf. p.72）。また、完了過去語尾は全ての動詞に共通です。

●第三変化動詞の完了過去形（-ах, -ях タイプ）
　現在1人称単数形から語尾 -м を取った部分に、完了過去語尾を付けて作ります。

文

法

編

		опи́там オピタム 試す	вече́рям ヴェチェリャム 夕食をとる	完了過去語尾
単数	1人称	опи́тах オピタフ	вече́рях ヴェチェリャフ	-х
	2人称	опи́та オピタ	вече́ря ヴェチェリャ	—
	3人称	опи́та オピタ	вече́ря ヴェチェリャ	—
複数	1人称	опи́тахме オピタフメ	вече́ряхме ヴェチェリャフメ	-хме
	2人称	опи́тахте オピタフテ	вече́ряхте ヴェチェリャフテ	-хте
	3人称	опи́таха オピタハ	вече́ряха ヴェチェリャハ	-ха

●第二変化動詞の完了過去形（-их タイプ、-ях タイプ）

第二変化動詞の完了過去1人称単数形は、大半が-их か-ях タイプですが、わずかに-ax タイプもあります。現在1人称単数形で語尾にアクセントがある自動詞は-ях（-ах）タイプで（以下の表のстоя́）、それ以外は基本的に全て-их タイプです。

		хо́дя ホディャ 行く	стоя́ ストヤ 立っている	完了過去語尾
単数	1人称	хо́дих ホディフ	стоя́х ストヤフ	-х
	2人称	хо́ди ホディ	стоя́ ストヤ	—
	3人称	хо́ди ホディ	стоя́ ストヤ	—
複数	1人称	хо́дихме ホディフメ	стоя́хме ストヤフメ	-хме
	2人称	хо́дихте ホディフテ	стоя́хте ストヤフテ	-хте
	3人称	хо́диха ホディハ	стоя́ха ストヤハ	-ха

- 例外は ви́дя〔完〕「見る」видя́х, видя́… です。アクセント移動にも注意。
- また、-жа́, -ча́ で終わる第二変化動詞（мълча́〔不完〕「黙っている」мълча́х, мълча́…）と спя́〔不完〕「眠っている」спа́х, спа́… は -ax タイプです。

●第一変化動詞の完了過去形

◆ -х タイプ

現在1人称単数形が「母音 + я」で終わる動詞の大半は、-x タイプです。現在1人称単数形の語尾-я を取り、母音を挟まず完了過去語尾を付します。

		чу́я チュヤ 聞こえる	успе́я ウスペヤ 〜する余裕がある	完了過去語尾
単数	1人称	чу́х チュフ	успя́х ウスピャフ	-х
	2人称	чу́ チュ	успя́ ウスピャ	—
	3人称	чу́ チュ	успя́ ウスピャ	—
複数	1人称	чу́хме チュフメ	успя́хме ウスピャフメ	-хме
	2人称	чу́хте チュフテ	успя́хте ウスピャフテ	-хте
	3人称	чу́ха チュハ	успя́ха ウスピャハ	-ха

- ただし、-ея で終わる語だけ、е → я に交替します（успе- → успя-）。
- このタイプの不規則な動詞として взе́ма〔完〕「取る」など、-ема で終わる一

連の第一変化動詞があります（**отне́ма** 奪う、**нае́ма** 借りる など）。現在1人称単数形から -ма を取り去って、完了過去語尾を付します。взе́х, взе́...

◆ -ox タイプ

現在1人称単数形が-та, -да, -са, -за, -каの第一変化動詞は -ox タイプです。

		чета́ チェタ　読む	**донеса́** ドネサ　持ってくる	完了過去語尾
単数	1人称	**че́тох** チェトフ	**донесох** ドネソフ	-x
	2人称	**че́те** チェテ	**донесе** ドネセ	—
	3人称	**че́те** チェテ	**донесе** ドネセ	—
複数	1人称	**че́тохме** チェトフメ	**донесохме** ドネソフメ	-хме
	2人称	**че́тохте** チェトフテ	**донесохте** ドネソフテ	-хте
	3人称	**че́тоха** チェトフ	**донесоха** ドネソハ	-ха

- 2人称・3人称単数形では、語尾の前の o が e になる点に注意が必要です。また、この e の前に限って、**я → e**、**к → ч** の交替があることがあります。

   изля́за〔完〕出る→ изл**я**зох, изл**е**зе... / пека́〔不完〕焼く→ пе**к**ох, пе**ч**е...

- 現在1人称単数形で語尾にアクセントがある語は、完了過去形で1つ前の音節にアクセントが移動します。(cf. 完過2・3単 че́те ⇔ 現3単 чета́)

   до́йда〔完〕「来る」は例外で、アクセントが後ろに移ります（дойдо́х...）。

- да́м〔完〕「与える」と я́м〔不完〕「食べる」、およびこれらから派生した一連の動詞も -ox タイプの完了過去形を持ちます。да́дох, да́де..., я́дох, я́де...

◆ -ax タイプ

第一変化動詞で、-x タイプにも、-ox タイプにも該当しないものは、基本的に -ax タイプです。特に数が多いのは、現在1人称単数形が-наで終わる動詞です。

		тръ́гна トラグナ　出発する	**пи́ша** ピシャ　書く	完了過去語尾
単数	1人称	**тръ́гнах** トラグナフ	**пи́сах** ピサフ	-x
	2人称	**тръ́гна** トラグナ	**пи́са** ピサ	—
	3人称	**тръ́гна** トラグナ	**пи́са** ピサ	—
複数	1人称	**тръ́гнахме** トラグナフメ	**пи́сахме** ピサフメ	-хме
	2人称	**тръ́гнахте** トラグナフテ	**пи́сахте** ピサフテ	-хте
	3人称	**тръ́гнаха** トラグナハ	**пи́саха** ピサハ	-ха

- 現在1人称単数形が -ша, -жа*, -ча の動詞は、次の子音交替があります。

   ш → c：пи́**ш**а → пи́**с**ах，　ж → з：ка́**ж**а → ка́**з**ах
   ч → к：пла́**ч**а → пла́**к**ах，　ж → г：лъ́**ж**а → лъ́**г**ах
   ＊ -жа は、2つのタイプの交替があり、どちらかは語によって決まっています。

- мо́га〔不完〕の完了過去形は можа́х, можа́... です。アクセントの位置に注意。

- -бер- を語幹に持つ動詞は、e が脱落します。разб**е**ра́〔完〕「理解する」→ разбра́х

- 例外は спра́〔完〕「止まる」や умра́〔完〕「死ぬ」で、-ях タイプです。

7.4. 直説法未完了過去

　未完了過去形は、不完了体動詞から形成され（完了体動詞からは極めてまれ）、過去のある時点、あるいはある期間において終了していない動作（過去に進行中の動作や過去の習慣）を表し、「〜していた」と訳されます。

　未完了過去語尾は全ての変化動詞に共通です。また、2人称・3人称単数形の語尾 -ше以外は、完了過去と語尾の形が同じであるため、未完了過去形と完了過去形が同形になることがあります（特に第三変化動詞）。

●第三変化動詞の未完了過去形

　現在1人称単数形から語尾 -м を取り除いた部分に未完了過去語尾を付けます。

		йскам イスカム 欲する	вечéрям ヴェチェリャム 夕食をとる	未完了過去語尾
単数	1人称	йсках イスカフ	вечéрях ヴェチェリャフ	-х
	2人称	йскаше イスカシェ	вечéряше ヴェチェリャシェ	**-ше**
	3人称	йскаше イスカシェ	вечéряше ヴェチェリャシェ	**-ше**
複数	1人称	йскахме イスカフメ	вечéряхме ヴェチェリャフメ	-хме
	2人称	йскахте イスカフテ	вечéряхте ヴェチェリャフテ	-хте
	3人称	йскаха イスカハ	вечéряха ヴェチェリャハ	-ха

●第一変化動詞・第二変化動詞の未完了過去形

　現在1人称単数形から語尾 -я か -a を取り除いたうえで、**母音 е か я を挟んで**、未完了過去語尾を付けることで形成されます。

　①現在1人称単数形の**語幹**にアクセントがあるときは、**-ех, -еше...**
　②現在1人称単数形の**語尾**にアクセントがあるときは、**-ях, -éше...**

　ただし、②-ях の я は2人称・3人称単数のときだけ е に交替します（я/е の交替）。

		① живéя ジヴェャ 住む	② стоя ストャ 立っている	未完了過去語尾
単数	1人称	живéех ジヴェエフ	стоях ストャフ	-х
	2人称	живéеше ジヴェエシェ	стоéше ストエシェ	**-ше**
	3人称	живéеше ジヴェエシェ	стоéше ストエシェ	**-ше**
複数	1人称	живéехме ジヴェエフメ	стояхме ストャフメ	-хме
	2人称	живéехте ジヴェエフテ	стояхте ストャフテ	-хте
	3人称	живéеха ジヴェエハ	стояха ストャハ	-ха

- 現在1人称単数形が、-ка, -га の動詞は、**к → ч** と **г → ж** の交替があります。
　пека〔不完〕焼く → пе**ч**áх*, пе**ч**éше ／ мóга〔不完〕→ мó**ж**ех, мó**ж**еше
　　　　　　　　　*②のタイプは、-ж, -ч, -ш の後では -ях の代わりに -ах を書きます。
- ям の未完了過去形は、②のタイプです。яд- を使って ядя́х, ядéше... とします。

7.5. съм 動詞の過去形

съм 動詞には、完了過去と未完了過去の形態上の区別はありません。現在形と異なり、過去形はアクセントを持つので、文頭にも立てます。

	単数	複数
1人称	бях ビャフ	бяхме ビャフメ
2人称	беше ベシェ	бяхте ビャフテ
3人称	беше ベシェ	бяха ビャハ

- 2人称・3人称単数形には完了過去形由来の別形 бе もありますが、意味は同じです。

7.6. 直説法現在完了

現在完了は、発話時点までその結果が有効である過去の動作を表します。しばしば**動作の結果やその状態**に焦点があてられて「〜して（しまって）いる」や、**経験**を表して「〜したことがある」と訳されます。完了過去能動分詞 + съм 動詞現在形 で形成されます。ям の現在完了形は次の通りです。

	単数	複数
1人称	ял(-а) съм ヤルサム	яли сме ヤリスメ
2人称	ял(-а) си ヤルスィ	яли сте ヤリステ
3人称	ял(-а, -о) е ヤルエ	яли са ヤリサ

- съм 動詞は主語の人称・数に合わせて変化し、完了過去能動分詞は主語の性・数に合わせて変化します。съм 動詞は前接語であるため、語順に注意が必要です。否定形は **не съм ял**、疑問形は **ял ли съм** となります。
- 代名詞短形が用いられる場合、短形は съм 動詞と語群を形成します。
  1) 主語が3人称単数のときは①、それ以外は②の語順になります。
     ①短形 + **е**　　②**съм**（е を除く）+ 短形
  2) 完了過去能動分詞 が文頭のときは（イ）、それ以外は（ロ）の語順になります。
     ①イ）Ял го **е**.　ロ）… го е Ял　②イ）Ял **съм** го.　ロ）… **съм** го Ял

7.7. 直説法過去完了

過去完了は、ある過去の時点に先行する時点で行われた動作（およびその結果や状態）を表して、「〜して（しまって）いた」と訳されます。съм 動詞の過去形 + 完了過去能動分詞 で作ります。ям の過去完了形は次の通りです。

	単数	複数
1人称	бях ял(-а) ビャフヤル	бяхме яли ビャフメ ヤリ
2人称	беше ял(-а) ベシェヤル	бяхте яли ビャフテ ヤリ
3人称	беше ял(-а, -о) ベシェ ヤル	бяха яли ビャハ ヤリ

- 代名詞短形や ли は、съм 動詞過去形と完了過去能動分詞の間に置きます。
  | Бе́ше | ли **се** | оба́дил | преди́ да изле́зем？　出かける前に電話しておいた？

7.8.　直説法過去未来

　過去のある時点から見て未来に行われる（発話時点から見れば過去の）動作を表し、「～するつもりだった、～しそうになった」と訳されます。大抵は、実現するはずであったがしなかった動作を表します。肯定形は**助動詞ща́の未完了過去＋да構文**、否定形は**ня́маше（不変化）＋да構文**で作ります。以下はподаря́「贈る」です。

		肯定形	否定形
単数	1人称	**щя́х да** подаря́ シテャフ ダポダリャ	**ня́маше да** подаря́ ニャマシェ ダポダリャ
	2人称	**ще́ше да** подари́ш シテシェ ダポダリシ	**ня́маше да** подари́ш ニャマシェ ダポダリシ
	3人称	**ще́ше да** подари́ シテシェ ダポダリ	**ня́маше да** подари́ ニャマシェ ダポダリ
複数	1人称	**щя́хме да** подари́м シテャフメ ダポダリム	**ня́маше да** подари́м ニャマシェ ダポダリム
	2人称	**щя́хте да** подари́те シテャフテ ダポダリテ	**ня́маше да** подари́те ニャマシェ ダポダリテ
	3人称	**щя́ха да** подаря́т シテャハ ダポダリャット	**ня́маше да** подаря́т ニャマシェ ダポダリャット

- 疑問形はそれぞれ、**щя́х ли да…, ня́маше ли да…** となります。
- 代名詞短形は、да と動詞の間に置かれます。 | щя́х да | **те** | пи́там | シテャフ ダテピタム

7.9.　命令法

　動詞の命令形（2人称）の作り方には、2通りあります。現在1人称単数形の語尾を取った後の語幹末が①子音なら**-и, -е́те**を、②母音なら**-й, -йте**を付けます。

現在1人称単数形	語尾		アクセントの位置
	単数（ти に対して）	複数／丁寧形（ви́е に対して）	
①子音	**-и**	**-е́те**	語尾
донеса́ ドネサ 持ってくる	донеси́ ドネスィ	донесе́те ドネセテ	
бъ́да バダ (=съм)* ～である	бъди́ バディ	бъде́те バデテ	
②母音	**-й**	**-йте**	語幹
пови́кам ポヴィカム 呼ぶ	пови́кай ポヴィカイ	пови́кайте ポヴィカイテ	
взе́мам ヴゼマム 取る	взе́май ヴゼマイ	взе́майте ヴゼマイテ	
例外	—	**-те**	
ви́дя ヴィデャ 見る	виж ヴィシ	ви́жте ヴィシテ	
ям ヤム 食べる	яж ヤシ	я́жте ヤシテ	
до́йда ドイダ 来る	ела́ エラ	ела́те エラテ	

　＊ съм 動詞の命令形は бъ́да から作られます。

- -ляз- を語幹に持つ動詞の命令形は -лез, -лезте です。 вля́за → **вле́з, вле́зте**
- оти́да〔完〕「行く」の命令形は **иди́, иде́те** です（отиди́, отиде́те も可）。

- -ка で終わる動詞は、命令形語尾の前で、**к → ч** の子音交替があります。
  обле<u>ка</u>́〔完〕「着せる」→ обле<u>чи</u>́, обле<u>че</u>́те
- 否定命令（〜するな）は、命令形の動詞の前に не を添えて作ることができるほか、やや口語的ですが、「**неде́й* + да 構文**」によっても表せます。ただし、否定命令は**不完了体動詞**からしか作ることができません。

  Не взе́май! ≒ **Неде́й да** взе́маш! ネディ ダヴゼマシ 取らないで！(<взе́мам〔不完〕)
  ＊2人称複数形の場合は неде́йте になり、да 構文の動詞も2人称複数形になります。
- 肯定命令は普通、完了体動詞から作ります。不完了体動詞から作ることもできますが、その場合は文脈によって**反復**あるいは**促し**の意味が強調されます。
  Ви́наги **затва́ряйте** врата́та. いつも扉を閉めてください。(< затва́рям〔不完〕)

♪ да 構文を使った命令表現

да 構文を使うと、2人称に対する命令のほか、それ以外の人称に対する命令や願望も表すことができます。この意味では、しばしば да の前に助詞 не́ка が添えられ（あるいは не́ка だけも可）、主語を入れるなら не́ка と да の間に置きます。

　Не́ка тя́ **да** ка́же. ネカ テャ ダカジェ　彼女に言わせてください。

- 願望の意味でも用いられ、**не́ка** のほか、助詞 **дано́** を伴うこともあります。
  Не́ка та́зи годи́на **да** бъ́де прекра́сна. ネカ タズィ ゴディナ ダバデ プレクラスナ　今年が素晴らしい年になりますように。
  Дано́ да се опра́вите ско́ро. ダノ ダセオプラヴィテ スコロ　（あなたが）すぐに回復しますように。
- また、1人称複数形で助詞 **ха́йде** を伴うと勧誘の意味になります。
  Ха́йде да напра́вим една́ сни́мка. ハイデ ダナプラヴィム エドナ スニムカ 写真を1枚撮りましょう。
- 否定形は、да の後に **не** を置きます。
  Да не па́днеш! ダネパドネシ　転ばないようにね！　＊ па́дна, -еш〔完〕落ちる、転ぶ

7.10. 条件法

　条件法は、一定の条件下で起こりうる仮定の動作を表し「(もし…なら) 〜だろうに」と訳されます。また、丁寧に希望を伝えたり、依頼したりする場合にも使えます。　**助動詞 би́х + 完了過去能動分詞** で作ります。以下は и́скам「欲する」です。

	単数	複数
1人称	**би́х** и́скал (-a) ビフ イスカル	**би́хме** и́скали ビフメ イスカリ
2人称	**би́** и́скал (-a) ビ イスカル	**би́хте** и́скали ビフテ イスカリ
3人称	**би́** и́скал (-a, -o) ビ イスカル	**би́ха** и́скали ビハ イスカリ

- 助動詞 би́х は主語の人称・数に合わせて変化し、完了過去能動分詞は主語の性・数で一致します。否定形は **не би́х и́скал** で、疑問形は **би́х ли и́скал** です。
- 代名詞短形は、助動詞 би́х と完了過去能動分詞の間に置かれます。
  Би́хте ли **ми** **помо́гнали**? ビフテ リミ ポモグナリ　私を助けていただけますか？

7.11. 伝聞法

　伝聞法は、話し手自身が直接目撃・体験していない出来事を、ほかの情報源をもとに述べていることを表します。また、その情報に対して話し手が感じる疑念などの主観的な判断が加味されることもしばしばあります。

　伝聞法は、4つの時制を形の上で区別します（厳密には5つですが、本書で学んでいない直説法の時制に対応する伝聞法は省きます）。特筆すべき特徴は、どの時制でも1人称・2人称では用いられる**съм動詞が3人称のみ使われない**ことです。

　直説法の時制とは次の表のように対応します（живе́я, -еш〔不完〕「住む、暮らす」を例に、3人称単数男性形で代表させて例示します）。

	直説法	伝聞法
現在	живе́е　ジヴェエ	живе́ел　ジヴェエル
未完了過去	живе́еше　ジヴェエシェ	
完了過去	живя́　ジヴャ	живя́л　ジヴャル
現在完了	живя́л е　ジヴャルエ	бил живя́л　ビル　ジヴャル
過去完了	бе́ше живя́л　ベシェ　ジヴャル	
未来	ще живе́е　シテジヴェエ ня́ма да живе́е　ニャマ　ダジヴェエ	щял да живе́е　シテャル　ダジヴェエ ня́мало да живе́е　ニャマロ　ダジヴェエ
過去未来	ще́ше да живе́е　シテシェ　ダジヴェエ ня́маше да живе́е　ニャマシェ　ダジヴェエ	

живе́яの伝聞法の変化形は以下の通りです。

①現在・未完了過去の伝聞法 ― **未完了過去能動分詞 + съм動詞（3人称除く）**

	単数	複数
1人称	живе́ел(-а) съм　ジヴェエルサム	живе́ели сме　ジヴェエリスメ
2人称	живе́ел(-а) си　ジヴェエルスィ	живе́ели сте　ジヴェエリステ
3人称	живе́ел(-а, -о)　ジヴェエル	живе́ели　ジヴェエリ

②完了過去の伝聞法 ― **完了過去能動分詞 + съм動詞（3人称除く）**

	単数	複数
1人称	живя́л(-а) съм　ジヴャルサム	живе́ли сме　ジヴェリスメ
2人称	живя́л(-а) си　ジヴャルスィ	живе́ли сте　ジヴェリステ
3人称	живя́л(-а, -о)　ジヴャル	живе́ли　ジヴェリ

＊1人称・2人称は、直説法現在完了と同形になってしまいます。

③現在完了・過去完了の伝聞法 ― **бил + съм動詞（3人称除く）+ 完了過去能動分詞**

	単数	複数
1人称	би́л(-а́) съм живя́л(-а)　ビルサム　ジヴャル	били́ сме живе́ли　ビリスメ　ジヴェリ
2人称	би́л(-а́) си живя́л(-а)　ビルスィ　ジヴャル	били́ сте живе́ли　ビリステ　ジヴェリ
3人称	би́л(-а́, -о́) живя́л(-а, -о)　ビル　ジヴャル	били́ живе́ли　ビリ　ジヴェリ

④未来・過去未来 ＿ 肯定形：**щя́л(-а, -о, ще́ли) + съм** 動詞（3 人称除く）+ **да** 構文
の伝聞法 　　　否定形：**ня́мало**（不変化）+ **да** 構文

		肯定形	否定形
単数	1 人称	щя́л(-а) съм да живе́я シテャルサム ダジヴェヤ	ня́мало да живе́я ニャマロ ダジヴェヤ
	2 人称	щя́л(-а) си да живе́еш シテャルスィ ダジヴェエシ	ня́мало да живе́еш ニャマロ ダジヴェエシ
	3 人称	щя́л(-а, -о) да живе́е シテャル ダジヴェエ	ня́мало да живе́е ニャマロ ダジヴェエ
複数	1 人称	ще́ли сме да живе́ем シテリスメ ダジヴェエム	ня́мало да живе́ем ニャマロ ダジヴェエム
	2 人称	ще́ли сте да живе́ете シテリステ ダジヴェエテ	ня́мало да живе́ете ニャマロ ダジヴェエテ
	3 人称	ще́ли да живе́ят シテリ ダジヴェエヤット	ня́мало да живе́ят ニャマロ ダジヴェエヤット

7.12. 受動態

　受動態「～される」には、2通りの作り方があり、ニュアンスが異なります。以下は、прода́м, -де́ш〔完〕/ прода́вам〔不完〕「売る」です。

① 「**受動過去分詞 + съм 動詞**」☞動作が行われた結果生じた**状態**を表します。
　Вхо́дните биле́ти <u>са прода́дени</u>. 入場券は売られてしまった（＝売り切れ）。
　　フホドニテ　　ビレティサ　　プロダ́デニ

② 「**他動詞 + се**（＝ **се** 動詞)」☞動作の反復や進行中の動作、一般論を表します。
　Вхо́дните биле́ти <u>се прода́ват</u> та́м. 　入場券はあそこで売られています。
　　フホドニテ　　ビレティセ　プロダ́ヴァット タム

- 動作の主体は、前置詞 от で示すことができます。от не́я 彼女によって
- 形式的には能動態ですが、不定人称文（動詞は 3 人称複数形）は、受動態に近い意味を表します（cf. p.39 Ка́зват, че́...「～と言われている」など）。

7.13. 分詞

　分詞は、動詞から派生して作られ、съм 動詞と結合して述語の役割を果たすほか、形容詞として名詞を修飾するのに用いられるものもあります。形容詞と同様に、性・数による変化があり、能動分詞と受動分詞に大別されます。
　能動分詞には、能動現在分詞（本書では取り扱いなし）と能動過去分詞があり、後者では**完了過去能動分詞**と**未完了過去能動分詞**が区別されます。
　受動分詞は、現代語には**受動過去分詞**しかありません。

●完了過去能動分詞

　完了過去能動分詞は、完了過去形の語幹に -л を付けることで形成されます。ただし、①は -х を、②は -тох, -дох を取った形に -л, -ла, -ло, -ли を付けます。③は -ох を取った形に、**-ъл**, -ла, -ло, -ли を付けます。

	完了過去形の語末		完了過去形	完了過去能動分詞
①	-ах, -ях, -их, -ех		и́двах （<и́двам 来る）	и́двал イドヴァル, -ла, -ло, -ли
②	-ох	-тох, -дох	я́дох （<я́м 食べる）	я́л ヤル, -ла, -ло, -ли
③		-сох, -зох, -кох	доне́сох （<донеса́ 持ってくる）	доне́съл ドネサル, -ла, -ло, -ли

- 複数形語尾 -и の前で、я → е の交替を伴うことがあります。вля́зъл → вле́зли
- 例外は、съм → би́л, -ла́ ／ мо́га* → могъ́л, -гла́ ／ до́йда → дошъ́л, -шла́ ／ оти́да → оти́шъл, -шла́ の 4 つです。

  *ただし、規則的な можа́л, -ла, -ло, -ли （<完過 можа́х）という形もあります。

- 形容詞として「〜した」の意味でも用い、後置冠詞形もあります。

  заспа́лото дете́ ザスパロト デテ その眠り込んだ子供（< заспа́л < заспя́, -а́х 眠り込む）

●未完了過去能動分詞

未完了過去語幹に -л を付して作られます。伝聞法でしか使いません。

現在形	未完了過去形	接尾辞	未完了過去能動分詞
живе́я 住む	живе́ех	-л	живе́ел ジヴェエル、-ла, -ло, -ли
я́м 食べる	ядя́х		ядя́л ヤデャル、-ла, -ло, яде́ли ヤデリ

- 複数形語尾の -и の前で、я → е の交替を伴うことがあります。ядя́л → яде́ли

●受動過去分詞

受動過去分詞は、他動詞の完了過去語幹に -н または -т を付して作られます。

現在形	完了過去形	接尾辞	音交替	受動過去分詞
пи́ша 書く	пи́сах	-н	なし	пи́сан, -а, -о, -и ピサン
прода́м 売る	прода́дох		о → е	прода́ден, -а, -о, -и プロダデン
запа́зя 予約する	запа́зих		и → е	запа́зен, -а, -о, -и ザパゼン
① вди́гна 持ち上げる	вди́гнах	-т	なし	вди́гнат, -а, о, -и ヴディグナット
② пи́я 飲む	пи́х			пи́т, -а, -о, -и ピット

- ほとんどの動詞が -н をとります。-т をとるのは、現在 1 人称単数形が、
  ① -на と -ема の第一変化動詞と、② 「母音 + я」で語根が一音節の動詞です。
- 複数形語尾の -и の前で、я → е の交替を伴うものもあります。видя́н → виде́ни
- 形容詞として「〜された」の意味でも用い、後置冠詞形もあります。

  запа́зената ста́я ザパゼナタ スタヤ その予約された部屋（<запа́зен 予約された）

ヴィジュアル
ブルガリア語

Ча́сти на чове́шкото тя́ло

チャスティ　　　ナチョ**ヴェ**シコト　　　　　テャロ

人間の身体

Track 77

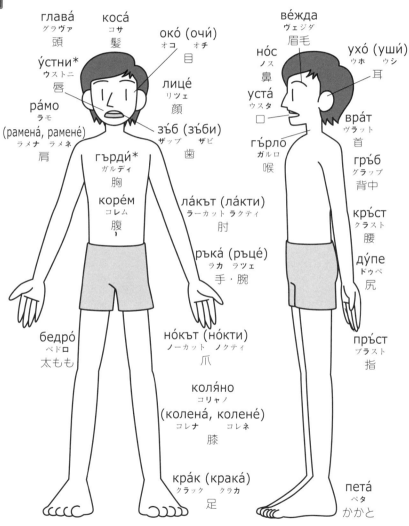

глава́
グラヴァ
頭

коса́
コサ
髪

око́ (очи́)
オコ　オチ
目

у́стни*
ウストニ
唇

лице́
リツェ
顔

ра́мо
ラモ
(рамена́, рамене́)
ラメナ　ラメネ
肩

зъб (зъ́би)
ザップ ズビ
歯

гърди́*
ガルディ
胸

коре́м
コレム
腹

ла́кът (ла́кти)
ラーカット ラクティ
肘

ръка́ (ръце́)
ラカ ラツェ
手・腕

бедро́
ベドロ
太もも

но́кът (но́кти)
ノーカット ノクティ
爪

коля́но
コリャノ
(колена́, колене́)
コレナ　コレネ
膝

кра́к (крака́)
クラック　クラカ
足

ве́жда
ヴェジダ
眉毛

нос
ノス
鼻

уста́
ウスタ
口

ухо́ (уши́)
ウホ　ウシ
耳

врат
ヴラット
首

гъ́рло
ガルロ
喉

гръб
グラップ
背中

кръст
クラスト
腰

ду́пе
ドゥペ
尻

пръ́ст
プラスト
指

пета́
ベタ
かかと

＊および（　）内は複数形。

Семе́йство

セメイストヴォ

家族

чи́чо ／ ву́йчо
チチョ　　ヴイチョ
（父方の）おじ／（母方の）おじ

ма́йка ／ жена́
マイカ　　ジェナ
母／妻

баща́ ／ мъ́ж
バシタ　　マシュ
父／夫

ле́ля
レリャ
おば

бра́т
ブラット
兄・弟

сестра́
セストラ
姉・妹

сѝн
スィン
息子

ба́ба
ババ
祖母

дя́до
デャド
祖父

дъщеря́
ダシテリャ
娘

На ку́хненската ма́са
ナ**ク**フネンスカタ　　　　　　　マサ

食卓

сто́л
ストル
椅子

ма́са
マサ
テーブル

ча́ша
チャシャ
コップ・カップ

би́ра
ビラ
ピール

лъжи́ца
ラジィッツァ
スプーン

чини́я
チニヤ
皿

вода́
ヴォダ
水

но́ж
ノシュ
ナイフ

со́л
ソル
塩

ви́лица
ヴィリッツァ
フォーク

ча́й
チャイ
お茶

хля́б
フリャップ
パン

кафе́
カフェ
コーヒー

за́хар
ザハル
砂糖

раки́я
ラキヤ
ラキヤ
（果物の蒸留酒）

пря́сно мля́ко
プリャスノ ムリャコ
ミルク

ви́но
ヴィノ
ワイン

со́к
ソク
ジュース

напи́тка
ナピトカ
飲み物

Храни́телни проду́кти

フラニテルニ　　　プロ**ド**ゥクティ

食品

Track
80

на́деница
ナデニッツァ
ソーセージ

месо́
メソ
肉

я́бълка
ヤバルカ
リンゴ

яйце́
ヤイツェ
卵

кашкава́л
カシカ**ヴ**ァル
黄色いチーズ

кра́ставица
クラスタ**ヴ**ィッツァ
キュウリ

дома́т
ド**マ**ット
トマト

ки́село мля́ко
キセロ　ムリャコ
ヨーグルト

портока́л
ポルト**カ**ル
オレンジ

пло́д(плодове́)
プ**ロ**ット　プロド**ヴ**ェ
果物

карто́ф
ガルトフ
ジャガイモ

зеленчу́к(зеленчу́ци)
ゼレン**チ**ュック　ゼレン**チ**ュツィ
野菜

лу́к
ルク
玉ねぎ

гро́зде
グ**ロ**ズデ
ブドウ

ри́ба
リバ
魚

си́рене
ス**ィ**レネ
白チーズ

ори́з
オリス
米

＊（　）内は複数形。

ヴィジュアル　ブルガリア語

ヴィジュアル
ブルガリア語
—5—

Дре́хи
ドレヒ

衣服

Track
81

костю́м
コステュム
スーツ

очила́*
オチラ
眼鏡

ри́за
リザ
ワイシャツ

сако́
サコ
ジャケット

вратовръ́зка
ヴラトヴラスカ
ネクタイ

кола́н
コラン
ベルト

панталóни*
パンタロニ
ズボン

чадъ́р
チャダル
傘

обу́вки*
オブフキ
靴

я́ке
ヤケ
上着

ча́нта
チャンタ
鞄

пола́
ポラ
スカート

чора́пи*
チョラピ
靴下

＊は複数形。

Приро́да

プリロダ

自然

Track 82

* （　）内は複数形。

На у́лицата

ナウーリッツァタ

町中

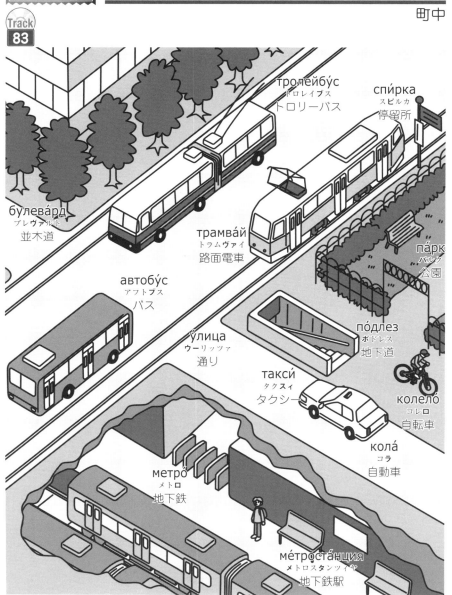

тролейбу́с
トロレイブス
トロリーバス

спи́рка
スピルカ
停留所

булева́рд
ブレヴァルト
並木道

трамва́й
トラムヴァイ
路面電車

па́рк
パルク
公園

авто́бус
アフト**ブ**ス
バス

у́лица
ウーリッツァ
通り

по́длез
ポドレス
地下道

такси́
タク**ス**ィ
タクシー

колело́
コレ**ロ**
自転車

метро́
メト**ロ**
地下鉄

кола́
コラ
自動車

ме́троста́нция
メトロス**タ**ンツィヤ
地下鉄駅

ヴィジュアル
ブルガリア語
—8—

Сгра́ди
ズグ**ラ**デイ

建物

Track
84

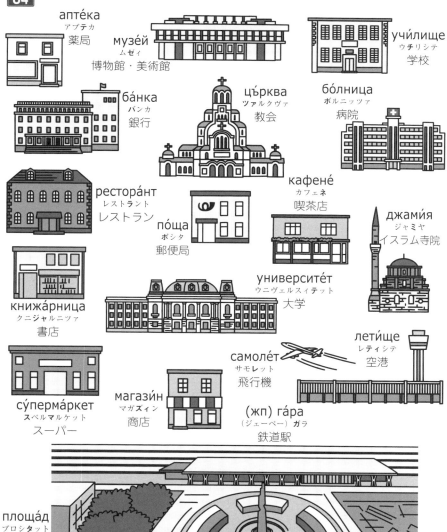

апте́ка
アプテカ
薬局

музе́й
ム**ゼ**イ
博物館・美術館

учи́лище
ウチ**リ**シテ
学校

ба́нка
バンカ
銀行

цъ́рква
ツァル**ク**ヴァ
教会

бо́лница
ボルニッツァ
病院

рестора́нт
レスト**ラ**ント
レストラン

по́ща
ポシタ
郵便局

кафене́
カフェ**ネ**
喫茶店

джами́я
ジャ**ミ**ヤ
イスラム寺院

книжа́рница
クニ**ジャ**ルニツァ
書店

университе́т
ウニヴェルスィ**テ**ット
大学

лети́ще
レ**ティ**シテ
空港

самоле́т
サモ**レ**ット
飛行機

су́перма́ркет
ス**ペ**ル**マ**ルケット
スーパー

магази́н
マガ**ズ**ィン
商店

(жп) га́ра
(ジェーペー)**ガ**ラ
鉄道駅

площа́д
プロ**シ**タット
広場

ヴィジュアル　ブルガリア語

INDEX

　不規則であったり、予測しづらい変化形を持つ場合に限り、見出し語の後にそれらの形を併記しています。変化に際して母音脱落がある形容詞は女性形を併記しています。不規則な形が多い代名詞などは、女・中・複 全ての形を示すこともあります。それ以外の形を併記するときは、何形であるかを略語で示してあります。

　動詞は、第三変化動詞を除き全て2人称単数形も示しています。また、見出し語としては原則として不完了体を立て、対応する完了体は同じ見出し語内に併記する形をとります。ただし、予測が難しい場合に限り、完了体やその他の変化形も別の見出し語として立て、参照すべき見出し語を指示しています。

　なお、数字は、初出ページを表しています。

男 男性名詞	女 女性名詞
中 中性名詞	複 複数専用名詞
形 形容詞	副 副詞

人代 人称代名詞	再代 再帰代名詞
指代 指示代名詞	疑代 疑問代名詞
所代 所有代名詞	否代 否定代名詞
不代 不定代名詞	関代 関係代名詞
代 その他の代名詞	

不完 不完了体動詞	完 完了体動詞
無人動 無人称動詞	

前 前置詞	接 接続詞
助 助詞	間 間投詞

基数 基数詞	序数 序数詞

INDEX

вратовръзка 女 ネクタイ 132
време 中, 複 времена 時、時代 18
　　(単数のみ) 天気
връщам 不完 / върна, -еш 完 返す 34
　　връщам се 帰る、戻る
все 副 いつも、常に 86
　　все така いつも変わらずに
всеки, всяка, всяко 代 各々の、毎〜 60
　　всеки ден 毎日
всички 代 全員；全部の 76
всичко 代 全部 3
　　Всичко хубаво. お元気で。
всъщност 副 実は 86
втори 序数 2番目の 84
вторник 男 火曜日 84
вуйчо 男, 複 -овци （母方の）おじ 129
входен, -дна 形 入口の (< вход 入口) 82
вчера 副 昨日 40
във (в や ф で始まる語の前で) → в 64
вървя, -иш 不完 ; 完過 -ях 68
　　歩く、行く、進む
　　върви с... 〜と合う
вярно 副 正確に、本当に 90

Г

гара 女 鉄道駅 135
ги 人代 [対・短] → те 46
глава 女 頭 48
гледам 不完 見る、観る 62
го 人代 [対・短] → той, то 44
говоря, -иш 不完 話す 22
годеж 男 婚約 92
годеник 男, 複 -ци 婚約者（男性）92
годеница 女 婚約者（女性）92
година 女 年：Нова година 新年 36
голям 形, 複 големи 大きい 22
гора 女, 呼 горо 森 24
горе-долу 副 まあまあ、おおよそ 7
горен, -рна 形 上の 64
господин 男, 複 господа ~さん 20
　　(男性に対する敬称) ~さん

госпожа 女, 呼 госпожо 20
　　(既婚女性に対する敬称) ~さん
госпожица 女, 呼 госпожице 20
　　(未婚女性に対する敬称) ~さん
гост 男, 複 гости 客 66
　　на гости 客として
готово 副 準備ができた 78
град 男, 冠 -ът; 複 -ове 町、都市 25
градина 女 庭、庭園 90
грам 男 グラム 52
грозде 中 ブドウ 131
гроздов 形 ブドウの 58
гръб 男, 冠 гърбът; 複 гърбове 背中 128
гръцки 形 ギリシャの 62
гърди 複 胸 128
гърло 中, 複 -а 喉 48

Д

да 助 (да 構文を形成する助詞) 26
да 助 はい 11
давам 不完 / дам, дадеш 完 ; 49
　　完過 дадох; 未完過 дадях 与える
дано 助 (ときに да 構文を伴って) 123
　　... であるように
два 基数, 女・中 две 2 30
двайсет 基数 20 50
двама 基数 [男人間] 2人 57
дванайсет 基数 12 53
двеста 基数 200 113
девет 基数 9 53
деветдесет 基数 90 52
девети 序数 9番目の 82
деветнайсет 基数 19 53
деветстотин 基数 900 82
декември 男 12月 84
ден 男, 冠 -ят; 個 -а; 複 дни 日 38
　　през деня 日中に
десет 基数 10 53
дете 中, 複 деца 子供 102
детство 中 幼少期 74
джамия 女 イスラム寺院、モスク 135

парфю́м 男		香水	50
парче́ 中		一切れ、かけら	52
пека́, -че́ш 不完 ; 未完過 -ча́х; 命 -чи́		焼く	30
пе́сен 女 , 複 -сни		歌	101
пе́т 基数		5	53
пета́ 女		かかと	128
петдесе́т 基数		50	52
пе́ти 序数		5番目の	84
пети́ма 基数 [男人間]		5人	54
петна́йсет 基数		15	50
пе́тък 男		金曜日	84
Пе́тър 男 , 呼 -тре	ペタル（男性の名前）		14
пи́ене 中		飲むこと	58
не́що за пи́ене		飲み物	
писмо́ 中		手紙	53
пи́там 不完	（＋対）～に尋ねる		74
пи́ца 女		ピザ	52
пи́ша, -еш 不完 ; 完過 -сах		書く	34
пи́я, -еш 不完		飲む	26
пла́н 男		予定	34
планина́ 女		山	133
пла́ча, -еш 不完 ; 完過 -ках		泣く	73
плод 男 , 複 -ове́		果物	131
площа́д 男		広場	135
по 前	～の範囲を、～に沿って:		20
【専門領域】～の:【分配】～ずつ			
по́вече 副	もっと：より多くの		42
（мно́го の比較級）			
пови́квам 不完 / пови́кам 完		呼ぶ	58
пода́рък 男 , 複 -ци 贈り物、プレゼント			34
подаря́вам 不完 / подаря́, -и́ш 完			50
		贈る	
по́здрав 男		あいさつ	11
по́здрави на...	～によろしく		
позна́вам 不完 / позна́я, -еш 完			18
知り合いである、知っている			
пока́на 女		招待（状）	26
пока́нвам 不完 / пока́ня, -иш 完			30
		招待する	
пола́ 女		スカート	132
по́длез 男		地下道	134
полови́на 女		半分	54
получа́вам 不完 / полу́ча, -иш 完			60
		受け取る	
пома́гам 不完 / помо́гна, -еш 完			123
（＋与）～を助ける			
помо́лвам 不完 / помо́ля, -иш 完			30
		お願いする	
по́мощ 女		助け	22
понеде́лник 男		月曜日	84
поня́кога 副		ときどき	24
портока́л 男		オレンジ	131
поръ́чвам 不完 / поръ́чам 完 注文する			68
посеща́вам 不完 / посетя́, -и́ш 完			76
訪問する；(授業を) 受講する			
после́ден, -дна 形		最後の	42
по́ща 女		郵便局：郵便物	135
пра́вя, -иш 不完		する：作る	38
пра́зник 男 , 複 -ци 祝日、休日、お祝い			34
Ве́сели пра́зници. 楽しい休日を。			
преда́вам 不完 / преда́м, -даде́ш 完 ;			70
完過 -да́дох		提出する	
предвари́телно 副		事前に	82
преди́ 前	（時間的に）～の前に		66
преди́ да...	～する前に		
предио́бед 男 午前:	副 午前中に		40
предла́гам 不完 / предло́жа, -иш 完			82
提案する、提供する			
предпочи́там 不完 / предпочета́, -е́ш 完			46
～の方を好む			
през 前 （年月、季節を表す名詞と）～に:			38
～を通って：～を超えて			
прека́рвам 不完 / прека́рам 完			62
（時間を）過ごす			
прекра́сен, -сна 形			123
とても美しい：素晴らしい			
пре́сен, пря́сна, -о, пре́сни 形			99
		新鮮な	
при 前 【場所】～のもとに、～の近くに:			64
【方向】～のもとへ			
приключвам 不完 / приключа, -иш 完			70
		終える	
приро́да 女		自然	45
присти́гам 不完 / присти́гна, -еш 完			54
		到着する	

светóвен, -вна 形 世界の（< свят 世界） 82
свобóден, -дна 形 自由な、暇な、空いた 22
свóй, -я, -е, -и 所代 [長] 自分の 109
свят 男, 冠 светъ́т; 複 световé 世界 99
сгодя́вам се 不完 / сгодя́, -и́ш се 完 90
　　　　　　　　　婚約する
сгра́да 女 建物 98
се 再代 [対・短] 自身を 34
сéбе си 再代 [対・長] 自身を 106
сега́ 副 今 34
сéдем 基数 7 53
седемдесéт 基数 70 52
седемна́йсет 基数 17 53
сéдмица 女 週 84
сезóн 男 季節 40
　　　　　（= годи́шно врéме）
сéло 中 村、田舎 25
семéйство 中 家族 34
септéмври 男 9月 84
сервитьóр 男 ウェイター 78
сервитьóрка 女 ウェイトレス 54
сериóзно 副 まじめに、真剣に 42
сестра́ 女 姉、妹 64
си（現在 2 人称単数形） → съм 7
си 再代 [与・短] 自身に：自身の 34
си́гурно 副 きっと 74
си́н, -я, -ьо, -и 形 青い 24
си́н 男, 冠 -ъ́т; 複 -овé 息子 41
си́рене 中 シレネ（白チーズ） 46
скóро 副 まもなく 5
славя́нски 形 スラヴの 92
сла́гам 不完 / слóжа, -иш 完 置く 86
сла́дко 中 ジャム 46
сладолéд 男 アイスクリーム 26
сла́дък, -дка 形 甘い 80
　　　Да ти е сла́дко. 召し上がれ。
след 前 （時間的に）〜の後に 26
　　　след товá その後に
слéдващ 形 次の 40
слéдобед 男 午後： 副 午後に 40
слъ́нце 中 太陽 133
слъ́нчев 形 太陽の：晴れた 38
слъ́нчево 副 晴れている 44

сме（現在 1 人称複数形） → съм 17
смéтка 女 会計 60
сни́мка 女 写真 123
снóщи 副 昨晩 40
сня́г 男, 冠 снегъ́т; 複 снеговé 雪 44
сóк 男 ジュース 48
сóл 女 塩 130
Сóфия 女 ソフィア（ブルガリアの首都） 14
спи́рам 不完 / спра́, -éш 完; 完過 -áх 119
　　　　　　止まる、止める
спи́рка 女 停留所 134
спи́сък 男, 複 -съци リスト 82
спорéд 前 〜によると 42
спя́, -и́ш 不完; 完過 -áх 眠る 48
срéща 女 出会い：会う約束 18
срéщам се 不完 / срéщна, -еш се 完 90
　　　　　出会う：（不完で）付き合う
срóк 男 期間、期限：кра́ен срóк 締め切り 70
сряда́ 女 水曜日 84
ста́вам 不完 / ста́на, -еш 完 60
　　　　　　　　起きる、立つ
ста́р 形 古い、年老いた 42
ста́я 女 部屋 126
сте（現在 2 人称複数形） → съм 7
стó 基数 100 52
стóл 男 椅子 53
стóлица 女 首都 42
стóтен, -тна 序数 100番目の 84
стоти́нка 女 ストティンカ（貨幣単位）50
стоя́, -и́ш 不完; 完過 -я́х 立っている 69
страхóтно 副 （口語で）最高に 62
стру́вам 不完 （値段が）する 42
　　　Кóлко стру́ва? いくらですか？
　　　стру́ва ми се... 〜と思われる
студéн 形 冷たい、寒い 42
студéно 副 寒い 44
студéнт 男 学生 76
сýпер 副 最高だ、素晴らしい 30
сýпермáркет 男 スーパーマーケット 52
сýтрин 女 朝 74
сýши 中 寿司 28
съ́бота 女 土曜日 84

■著者紹介

菅井健太（すがい けんた）

東京都生まれ。東京外国語大学ロシア語専攻卒業。東京外国語大学大学院博士前期課程修了、博士後期課程単位取得満期退学。博士（学術）。ソフィア大学スラヴ文献学部留学。筑波大学人文社会系助教を経て、現在、北海道大学大学院文学研究院准教授。専門はスラヴ語学。著書に『日本人が知りたいロシア人の当たり前　ロシア語リーディング』（三修社、共著）、『新ロシア語読本—古典文学からレシピまで』（東洋書店、共著）などがある。

■校正

ミレン・マルチェフ（Milen Martchev）
マリア・チャラコヴァ（Maria Chalukova）

■校正協力

水上裕之

●音声ダウンロードについては、三修社ホームページを参照。

https://www.sanshusha.co.jp/audiobook/
Audiobookへの会員登録(無料) が必要です。登録後、シリアルコードの入力欄に「05983」を入力してください。

CD付
ゼロから話せるブルガリア語

2020年10月10日　第1刷発行

著　　者	菅井健太	
発 行 者	前田俊秀	
発 行 所	株式会社 三修社	
	〒150-0001　東京都渋谷区神宮前2-2-22	
	TEL 03-3405-4511	
	FAX 03-3405-4522	
	https://www.sanshusha.co.jp	
	振替 00190-9-72758	
	編集担当　安田美佳子	
印 刷 所	壮光舎印刷株式会社	
製 本 所	牧製本印刷株式会社	
CD製作	株式会社メディアスタイリスト	

カバーデザイン	峯岸孝之（Comix Brand）
本文デザイン	スペースワイ
本文イラスト	木元研次

©Kenta Sugai　2020　　　　　　　　　　　Printed in Japan
ISBN978-4-384-05983-0 C1087